我爱灿烂的五千年

了解一方文明从一座博物馆开始

文物没有呼吸
却有不朽的灵魂和生命
穿越千年与我们相逢

一本博物馆
全国博物馆通识系列

辽宁省博物馆

辽宁省博物馆　编著

四川人民出版社

图书在版编目（CIP）数据

辽宁省博物馆 / 辽宁省博物馆编著. -- 成都：四川人民出版社，2024.5（2024.10 重印）
（全国博物馆通识系列. 一本博物馆）
ISBN 978-7-220-13614-6

Ⅰ．①辽… Ⅱ．①辽… Ⅲ．①博物馆—概况—辽宁 Ⅳ．① G269.273.1

中国国家版本馆 CIP 数据核字（2024）第 048482 号

LIAONINGSHENG BOWUGUAN
辽宁省博物馆
辽宁省博物馆 编著

出 版 人	黄立新
选题策划	北京增艳锦添
统筹编辑	蒋科兰 李天果
责任编辑	蒋科兰
特约编辑	李天果 温 浩
特约校对	任学敏
责任印制	周 奇
装帧设计	北京增艳锦添 沈璜斌
出版发行	四川人民出版社（成都市锦江区三色路 238 号）
网 址	http://www.scpph.com
E-mail	scrmcbs@sina.com
新浪微博	@四川人民出版社
微信公众号	四川人民出版社
发行部业务电话	（028）86361653 86361656
防盗版举报电话	（028）86361661
照 排	北京增艳锦添企业形象策划有限公司
印 刷	成都市东辰印艺科技有限公司
成品尺寸	155mm×220mm
印 张	19.5
字 数	215 千
版 次	2024 年 5 月第 1 版
印 次	2024 年 10 月第 2 次印刷
书 号	ISBN 978-7-220-13614-6
定 价	99.00 元

■版权所有·侵权必究
本书若出现印装质量问题，请与我社发行部联系调换
电话：（028）86361653

《一本博物馆 辽宁省博物馆》
顾问及编写委员会

总 顾 问　　王筱雯
主　　编　　刘 宁　曹增艳
副 主 编　　王忠华　温 浩
编委成员　　马 卉　李琼璟　杨 勇　张书慧
　　　　　　周晓晶　都惜青　韩 雪　温科学
　　　　　　李天果　殷莲莲　席翠翠　岳娜娜
　　　　　　崔 斌　魏 辉　牛鹏志　乔凤青
　　　　　　于恩胜　王春玲　杨远文　杨传良
　　　　　　张国柱　刘雨欣

插画设计　　闫宇璠　赵 静　罗 玉
平面设计　　翁玲玲　孙 博　赵海燕
设计指导　　刘晓霓
诗文撰稿　　曹增艳　张富遐
统　　稿　　刘 宁　曹增艳
书　　法　　张其亮

选题策划　　北京增艳锦添企业形象策划有限公司
　　　　　　潍坊增艳企划发展有限公司
资料提供　　辽宁省博物馆

前言

为什么出版"一本博物馆"系列图书？我们曾经反复追问自己，试图把这个问题表述清楚。

你是否有过这样的经历？每到一个地方，因为慕名而来，也因为带着一份好奇和对文化的膜拜，一定要参观一次当地的博物馆。于是，花费一两个小时，走马观花，耳目中塞满了没有任何基础铺垫的知识，看过博物馆只能说出其中几件知名度极高的藏品。绝大多数的观众穿越千山万水，可能一生中仅有一次机会与这些承载几千年历史的古物相见，而这一次起到的作用仅仅是"有助谈资"，对博物馆里真正的宝藏，仅算瞥了一眼。

大家需要"一本博物馆"

博物馆不是普通旅游景点，其中陈列着数以万计的文物，背后藏着丰富的文化内容。如果参观博物馆前不认真准备一番，只是匆匆走过，难免像看了一堆陈旧物品的"文化邮差"。参观博物馆前预习，参观时看到文物才会与它似曾相识；参观博物馆后温习，回味给自己留下深刻印象的内容和文化脉络，如此，才算基本了解一座博物馆。

博物馆里有一锅"文化粥"

如果说，考古是人类文明的"第一现场"，那么，博物馆则是"第二现场"，从发掘转向了收藏和展示。在博物馆中，人类文明被高度浓缩，大众得以与历史直面。

美国盲人作家海伦·凯勒曾在《假如给我三天光明》一书中写道，如果拥有三天光明，她会选择一天去博物馆："这一天，我将向过去和现在的世界匆忙瞥一眼。我想看看人类进步的奇观，那变化无穷的万古千年，这么多的年代，怎么能被压缩成一天呢？当然是通过博物馆。"

博物馆有多种类型：综合的、历史的、自然的、艺术的、科技的、特殊类型的，等等。博物馆里有百科，是一锅熬了千百年、包罗万象并经过系统整理、直观呈现人类文明的"文化粥"。

文物是眼见为实的历史

文物是眼见为实的历史，即使是学者们对此解读有争议，起码也是在实证的基础上进行的。如此，我们便更能了解历史的原貌，这是对历史的尊重。

文物是形象化的记忆

事物容易被记住往往首先是因为它有趣的形式。千言万语不及一张图。有学者推算，我们一般人"记忆中的语言信息量和形象信息量的比率为1∶1000"。文物正是因其有趣的形式、直观的形象，比文字记录更让人印象深刻。

文化是民族的血脉和灵魂

文化是民族的血脉和灵魂。一个国家、一个民族、一个家族、一个人的自信不仅缘于有多少财富、多大权力，还缘于其深厚的文化底蕴。好比我们以自己的家世为荣，有一天，拿着母亲的照片对别人说："这是我母亲年轻的时候，她也曾经风华绝代呢。"

如上缘起，博物馆专家团队与北京增艳锦添联合出版"一本博物馆"系列丛书，根据每个博物馆展览陈列的线索，尽可能多地选取每个展厅中的文物，将翔实的内容、严谨的知识用通俗的语言表达出来，以有趣的形式呈现。我们的目的只有一个：大家拿着"一本博物馆"，走进一座博物馆，爱上连绵不断的中华五千年文明。

序

辽宁省博物馆的前身为1949年7月7日开馆的东北博物馆，1959年改称辽宁省博物馆，是新中国建立的第一座大型博物馆，是中国著名的历史艺术性博物馆之一，是首批中央地方共建国家级博物馆。建馆70余年来，经过几代辽宁省博物馆人筚路蓝缕的开拓进取，如今，辽宁省博物馆已经发展成为一座国内一流、享誉海内外的现代化综合博物馆。

辽宁省博物馆现有馆藏文物11.8万件，分为书法、绘画、丝绣、考古、青铜、陶瓷等21个门类，质量精湛，特色鲜明，尤其以晋唐宋元书画、宋元明清缂（kè）丝刺绣、红山文化玉器、商周时期窖藏青铜器、辽代陶瓷、历代碑志、明清版画、古地图和清末李佐贤《古泉汇》著录的历代货币等最具特色和影响力。

党的十八大以来，党中央高度重视文物和文化遗产保护利用工作，习近平总书记多次强调要"让收藏在博物馆里的文物、陈列在广阔大地上的遗产、书写在古籍里的文字都活起来"，"要把凝结着中华民族传统文化的文物保护好、管理好，同时加强研究和利用，让历史说话，让文物说话"。中共中央办公厅、国务院办公厅和有关部门相继出台了加强文物保护利用和深化博物馆改革发展的系列文件。习近平总书记重要论述和系列文件的出台，为新时代文博事业发展提供了根本遵循，夯实了政策基础，赋予文博工作者更强的政治责任感和历史使命感。

近年来，辽宁省博物馆坚持以习近平新时代中国特色社会主义思想为指导，把文物和博物馆工作放到中华文明全景、中国式现代化全局中来研究，深入挖掘馆藏文物的丰富内涵和辽宁地域文化内涵，提炼展示中华文明的精神标识，先后推出了一系列具有中国特色、体现中国精神、蕴含中国智慧的精品文物展览，以文物实证中华文明的突出特性，探索出一条以文物为核心，以展览为抓手，以多元活动为传播途径的模式。

自2019年以来，辽宁省博物馆举办的展览连续四年入围"全国博物馆十大陈列展览精品"，其中"山高水长——唐宋八大家主题文物展""和合中国"被评为精品奖，连续五年入围"弘扬优秀传统文化、培育社会主义核心价值观主题展览推介项目"，其中，"又见大唐""山高水长——唐宋八大家主题文物展"被评为重点推介项目；"创新展览叙事体系，用心用情用力讲好中国故事"入围国家文物局首届文物事业"高质量发展案例"，打造了博物馆展览在贯彻新发展理念、实现高质量发展工作中的创新实践，国内外影响力日益提升。

此次辽博专家团队联合北京增艳锦添共同策划出版文物通识读本"全国博物馆通识系列·一本博物馆"之《辽宁省博物馆》，团队将辽宁省博物馆十个基本陈列的展品文物与馆藏珍品文物悉数呈现。通过精心编写，巧妙处理打磨文字内容，将对于普通读者而言晦涩难懂的考古与文物专业知识，进行深入浅出的解读，化解为易于理解的文字内容，再辅以高清文物图片与生动有趣的手绘插画，使《辽宁省博物馆》成为一部既有专业性、又有趣味性的通俗易懂的图书。

希望广大读者通过阅读此书，了解辽宁省博物馆的基本陈列与庋藏（guǐ cáng）文物珍品，前来辽宁省博物馆打卡，欣赏展览，感知历史，领略古代艺术之美，更深层次地理解源远流长、博大精深的中国文化。

辽宁省博物馆期待您的到来！

辽宁省博物馆馆长
2023年5月18日

目录

了解辽宁省博物馆
辽宁省博物馆导视图 /002
辽宁省博物馆简介 /004

古代辽宁

史前时期

第一单元　开拓洪荒　洞穴岁月
金牛山人头骨（复制品）/013
葛氏斑鹿角化石 /014
普氏羚羊颌骨化石 /014
骨鱼镖 /015

第二单元　走出蒙昧　文明曙光
之字纹深腹陶罐 /017
蛇衔蟾蜍陶罐 /018
龙纹陶片 /018
玉玦 /019
斜口陶器 /020
舟形陶器 /020
煤精制品 /021
女神头像（复制品）/022
彩陶筒形器 /023
双人首三孔玉梳背饰 /024
勾云形玉佩 /024
双鸮玉佩 /025
斜口筒形玉器 /026
白玉猪龙 /027

目录　001

夏商周时期

第一单元 与夏为伍 北土方国
石钺 /029
彩绘陶鬲 /030
彩绘双腹陶罐 /031

第二单元 华风北渐 商鼎周彝
"史伐"卣 /032
鸟纹附耳浅腹鼎 /033
宽带纹贯耳壶 /034
嬰方鼎 /035
卷体夔龙纹盖罍 /036
"伯矩"甗 /037
"鱼"铭铜尊 /038
牛纹罍 /039
"登竝"方罍 /040
"圉"簋 /041

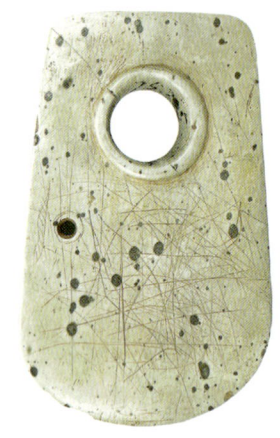

第三单元 游牧民族 北方铜器
青铜戚 /043
牛首铜削 /043

第四单元 濊貊遗踪 曲刃短剑
人面铜牌饰 /044
双虺纠结铜具 /045
鳐鱼形铜饰件 /046
蛇衔蛙铜饰件 /047
金柄青铜短剑 /048

战国至隋唐时期

第一单元 开疆设郡 秦汉一统
"燕王职"铜戈 /051
夔纹大瓦当 /052
"柳"字板瓦 /052
双牛纹铜牌饰 /053

第二单元 民族融合 魏晋风云
鸟纹博局镜 /055
青瓷虎子 /055

002 辽宁省博物馆

花树状金步摇 /056
金铃 /057
新月形嵌玉金饰 /057
"范阳公章"金印 /058
压印佛像纹山形金饰片 /058
鸭形玻璃器 /059
鎏金木芯马镫 /060
鎏金铜钉鞋履 /060
田丘俭纪功刻石 /061

第三单元 边关重镇 隋唐营州

男、女石俑 /062
唐三彩三足罐 /063
彩绘骑骆驼俑 /063

辽金时期

第一单元 铁骑帝国 契丹索迹

鎏金银扞腰 /066
鎏金银臂鞲 /067
契丹文铜鱼符 /068
青玉双鹅带盖小盒 /069

骨鸣镝 /070
鎏金银錾花马鞍桥包片 /071
辽三彩印花花蝶纹海棠盘 /072
青瓷飞鱼形水盂 /073
缂金龙纹尸衾 /074
漆木双陆棋 /075
银釦玻璃方盘 /076
琥珀饰件 /077
伏听 /078
石叉手俑 /079
玉石透雕飞天 /080
金塔 /081

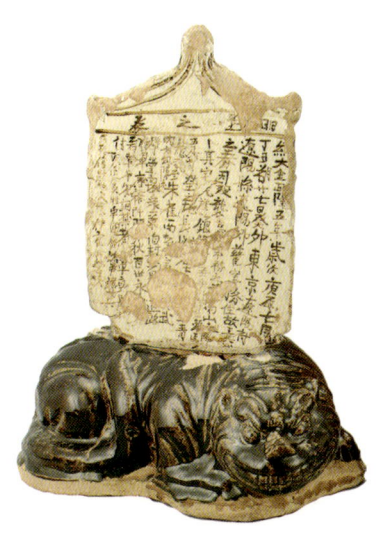

第二单元 金戈铁马 女真建国

"东京路按察司之印"铜印 /082
卤簿钟 /083
白地黑花葫芦形倒流壶 /084
"正隆五年"白瓷买地券 /084
钧窑梅瓶 /085

目录 003

元明清时期

第一单元　划省而治　蒙元一统
八思巴文"沈阳等处军民屯田使司分司印"铜印 /088
"至正六年"铜权 / "至元廿五年"铜权 /088
高丽镶嵌青瓷碗 /089
白地黑花龙凤纹罐 /090

第二单元　关东风雨　大明气象
永乐七年铜火铳 /091
义州卫守军铜令牌 /092
酱釉瓷雷 /092
链式铜坠饰 /093
永乐款青花赤壁赋碗 /094
青花荷塘水禽纹盖罐 /094

第三单元　紫气东来　清皇祖地
石蓝缎地绣五爪金龙袍 /095
八旗礼服甲胄 /096
蓝碧玺朝珠 /097

明清玉器展

第一单元　明清玉器的主要玉材种类
苍白玉螭纹带扣 /100
翡翠浮雕鹤鹿同春带饰 /101

第二单元　明清玉器的主要器型种类
白玉凤纹牌 /102
白玉碗 /103

第三单元　明清玉器的基本装饰技法
青玉透雕宝相花盘 /104
《洛神赋》图文玉饰 /105
白玉镶宝石嵌饰 /106
白玉贴金花式碗 /107

004　辽宁省博物馆

第四单元 雅致吉祥的陈设品
青玉十二生肖 /108
青玉人物山子 /109

第五单元 玩赏与实用皆宜的文房用玉
青玉荷叶式花插 /110
青玉荷叶式笔洗 /111

第六单元 规矩秀美的玉器
青玉梅花式洗 /112
白玉香插 /113
白玉菊花碗 /113

第七单元 清帝偏爱的时作玉器
青玉鼻烟壶 /114
木柄三镶玉浮雕岁岁平安如意 /115
青白玉乾隆题诗扳指 /116

第八单元 若描若绘的玉图画
碧玉浮雕三羊开泰瓶插屏 /117
青白玉高浮雕山水人物图山子 /118

第九单元 师法古器的仿古玉
碧玉兽面纹簋 /120
青玉佛手 /120

第十单元 无故不去身的佩饰品
白玉苍龙教子带钩 /122
白玉透雕寿字扁方 /123

目录 005

明清瓷器精品展

釉里红缠枝花卉纹盏托 /126
青花海水葡萄纹大盘 /127
甜白瓷暗花鸡心碗 /128
白釉雕填绿龙纹盘 /129
青花婴戏纹高足碗 /130
青花松竹捧寿纹梅瓶 /131
彩云龙纹盖罐 /132
青花人物纹杯 /133
青花丛竹纹碗 /134
青花缠枝莲纹六连瓶 /135
青花五彩鱼藻盘 /136
釉里红雕花海水龙纹梅瓶 /137
粉彩百花尊 /138
斗彩莲池鸳鸯纹碗 /139
青花矾红彩海水龙纹梅瓶 /140
黄地素三彩双龙纹大盘 /141
黄地粉彩梅鹊纹餐具 /142
郎窑红折腰撇口大碗 /143
豇豆红釉团螭纹太白尊 /144
霁红釉玉壶春瓶 /145
霁蓝釉盘 /146
天蓝釉螭耳椭圆洗 /147
仿哥釉四连瓶 /148
冬青釉描金银螭耳瓶 /149
炉钧釉双耳炉 /150
茶叶末釉绶带瓶 /151

中国古代碑志展

袁敞碑 /154
献文皇帝第一品嫔侯夫人墓志 /155
北魏司马显姿墓志 /156
元钦墓志 /157
安丰王妃冯氏墓志 /158
北齐乐陵王高百年及妃斛律氏墓志 /159
韩暨墓志 /160
道宗仁圣大孝文皇帝哀册并盖 /161
圣宗钦爱皇后哀册 /162
道宗宣懿皇后哀册并盖 /163
崔源墓券 /164
温庄长公主圹志 /165

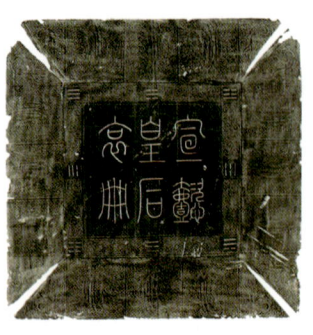

中国古代铜镜展

第一单元　轻灵奇巧战国镜
斜线三角纹镜 /168
四山纹镜 /169

第二单元　奇幻超逸两汉镜
星云镜 /170
尚方四神博局镜 /171

第三单元　气象万千隋唐镜
瑞兽葡萄镜 /172
雀绕花枝纹菱花镜 /173

第四单元　秀丽世俗两宋镜
轩辕镜 /174
铸款穿花四凤镜 /175

第五单元　雅致不拘的辽镜
菊花龟背纹镜 /176
缠枝牡丹纹大镜 /177

第六单元　粗犷豪放的金镜
达摩渡海镜 /178
双鱼纹镜 /179

第七单元　遗风余韵——元明清铜镜
八仙过海云纹镜 /180
漆背描金花卉镜 /181

目录　007

中国古代货币展

第一单元　先秦货币（前221年以前）

原始空首布 /184
"梁夸新五十当孚"桥形布 /185
节（即）墨之大刀 /185
"文信"圜钱 /186

第二单元　秦汉货币（前221—220年）

秦半两钱 /187
汉五铢 /188
马蹄金 /189
一刀平五千 /190

第三单元　三国、两晋、南北朝货币（220—589年）

永通万国 /191

第四单元　隋唐五代十国货币（581—979年）

隋五铢 /192
开元通宝 /193
会昌开元 /193

第五单元　宋代货币（960—1279年）

淳化元宝（对钱）/194
徽宗钱 /195
北宋交子旧版拓存 /196
陈二郎十分金金铤 /196

第六单元　辽、西夏、金、元货币（907—1368年）

天赞通宝 /197
千秋万岁 /197
泰和重宝 /198
承安宝货 /198
至元通行宝钞 /199

第七单元　明代货币（1368—1644年）

万历通宝 /200
大明通行宝钞 /201

第八单元　清代货币（1644—1911 年）

天命通宝 /202
铜元 /203
银元 /203
户部官票 /204

第九单元　深受中国影响的越南、朝鲜、日本钱币

朝鲜货币：常平通宝 /205
越南货币：保大通宝 /205

第十单元　民俗钱

打马格钱（赵将廉颇）/206

第十一单元　中国古代钱币铸造工艺

新莽壮泉四十钱范 /207

辽代陶瓷展

第一单元　奇姿巧制　别具一格

茶末绿釉长方口单孔鸡冠壶 /210
绿釉贴塑番人火珠纹双孔鸡冠壶 /211
淡绿釉捏梁鸡冠壶 /211
黄釉划弦纹凤首瓶 /212
白瓷划莲瓣纹净瓶 /213
黄釉划牡丹纹长颈瓶 /214
绿釉锥刺纹贴花瓜形执壶 /214

第二单元　釉彩纷呈　存素流辉

白瓷花式渣斗 /215
绿釉印水波花卉纹碗（左）/ 黄釉印水波钱纹碗（右）/216
白釉黑彩鸡形倒流壶 /217
三彩釉印水波三花纹海棠盘 /218

第三单元　南风宋韵　北域集珍

鎏金银扣凤纹官字款白瓷碗 /219
影青瓷刻缠枝花纹执壶 /220
青瓷刻莲瓣纹碗 /221

目录　009

🦋 中国历代玺印展

先秦玺印
"事（史）余（餘）子"陶玺 /224

秦汉六朝玺印
"别部司马"铜印 /225
"鲜卑率善佰长"铜印 /226
"梁邹丞印"封泥 /226
"贾许私印"铜印 /227
"荆桐·鹤喙鱼纹"铜印 /227

唐宋辽金元玺印
"褒州都督府之印"封泥 /228
"神射第十二指挥第六都记"铜印 /229
"来远军印"铜印 /229
八思巴文"左卫阿速亲军千户印"铜印 /230
何铜印 /230

明清篆刻
"沈阳中卫中左千户所百户"铜印 /231
"齐齐哈儿镶红旗协领图记（满汉文）"铜印 /231

明清文人篆刻
丁敬刻"密盦秘赏"寿山石印 /232
赵之谦刻"滂喜斋" 青田石印 /233

明清印材
徐新周刻"寿云平生真赏" 寿山石印 /234

印钮雕刻
浮雕荷花鹭鸶寿山石印 /235
龙钮田黄寿山石印 /235

近现代篆刻
齐白石刻"雕虫小技家声" 寿山石印 /236

"毛泽东诗词"篆刻
商承祚刻"国际悲歌歌一曲" 寿山石印 /237

中国古代佛教造像展

汉传佛教造像艺术
石雕佛头 /240
石雕菩萨立像 /241
罗汉像 /242
释迦牟尼坐像 /243
无量寿佛 /243

中国古代书法与绘画

宋摹《洛神赋图》卷（局部）/246
《簪花仕女图》卷 /248
《夏景山口待渡图》卷 /250
《瑞鹤图》卷 /252
天水摹张萱《虢国夫人游春图》卷 /254
《太白山图》卷（局部）/256
《盆菊幽赏图》卷 /258
《兰亭雅集图》卷（局部）/260
《清明上河图》卷（局部）/262
《临富春山居图》卷（局部）/264
《西岭云霞图》卷（局部）/266
《幽兰图》轴 /269
《姑苏繁华图》卷（局部）/270
《牡丹图》轴 /273
《仲尼梦奠帖》卷 /274
《万岁通天帖》卷 /276
《论书帖》卷 /278
《草书千字文》卷（局部）/279
《秋声赋》卷（局部）/280
《自浩身贴》卷（局部）/281
《龙王社鼓》诗轴 /282
《行书远景楼记》轴（局部）/283

生字词注音释义 /284

目录 011

了解辽宁省博物馆

地理位置： 辽宁省沈阳市浑南区智慧三街157号
建筑面积： 100013平方米
常设展览： 古代辽宁、明清玉器展、明清瓷器精品展、中国古代碑志展、中国古代铜镜展、中国古代货币展、辽代陶瓷展、满族民俗展、中国历代玺印展、中国古代佛教造像展
藏品数量： 近12万件
藏品特色： 以辽宁地区考古出土文物和历史艺术类文物为主，尤以晋唐宋元书画、宋元明清缂（kè）丝刺绣、红山文化玉器、商周时期窖藏青铜器、辽代瓷器、历代碑志、明清版画、古地图、历代货币等最具特色和影响

辽宁省博物馆
导视图

 存包处　　 咨询服务处　　 智慧导览台　　 楼梯　　 扶梯　　 电梯　　 卫生间

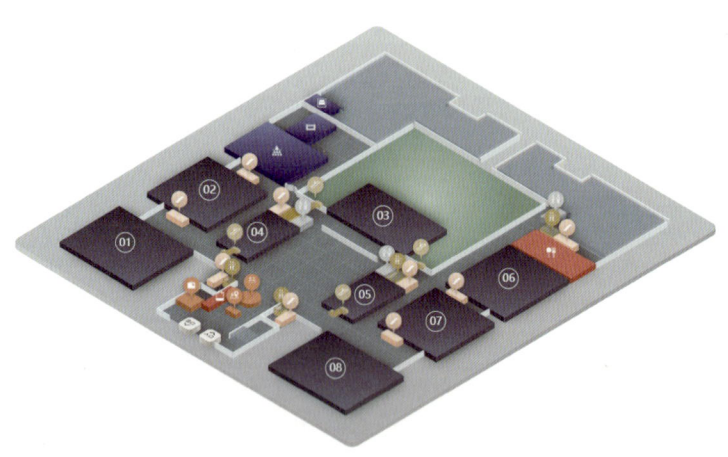

1层

01　临时展览
02　临时展览
03　临时展览
04　临时展览
05　临时展览
06　明清玉器展
07　明清瓷器展
08　中国古代碑志展
🔺　多功能厅
　　贵宾厅1/2
🍴　观众餐厅
🛍　文创商店

002　辽宁省博物馆

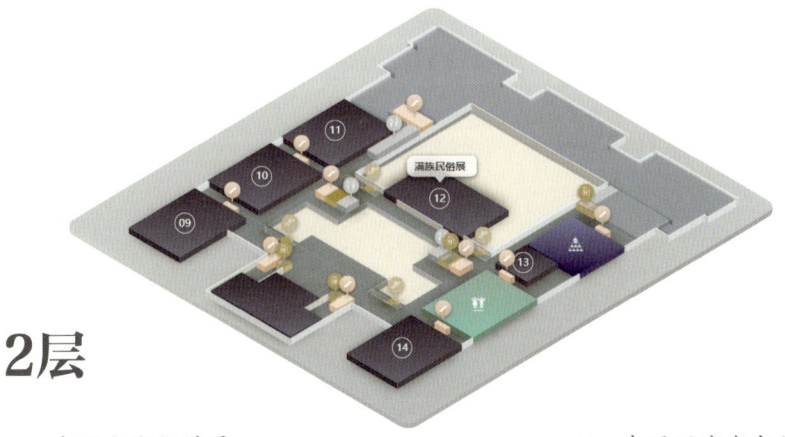

2层

09 中国古代铜镜展
10 中国古代货币展
11 辽代陶瓷展
12 满族民俗展

13 中国历代玺印展
14 中国古代佛教造像展
🔺 报告厅
🏛 文创商店

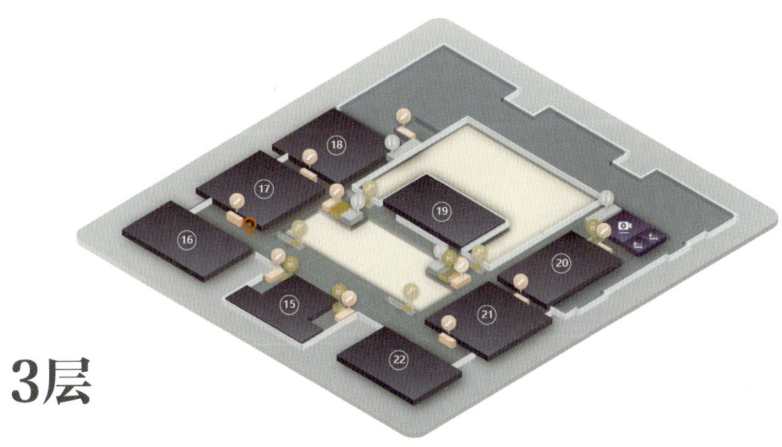

3层

15 古代辽宁一
16 古代辽宁二
17 古代辽宁三
18 古代辽宁四
19 古代辽宁五

20 临时展览
21 临时展览
22 临时展览
📷 儿童剧场
🎦 培训教室 1/2

了解辽宁省博物馆　003

辽宁省
博物馆简介

历史沿革

　　1948年，沈阳解放。经东北人民政府批准，对该馆进行整修，成立了东北博物馆。
　　1949年，东北博物馆对外开放，是新中国成立的第一座博物馆。
　　1959年，改名为辽宁省博物馆。
　　2004年，辽宁省博物馆市府馆开馆。
　　2009年，辽宁省博物馆被列为中央与地方共建国家级博物馆。
　　2015年，辽宁省博物馆市府馆于3月30日正式关闭。
　　2015年，5月16日辽宁省博物馆浑南新馆第一期开馆。

概　况

辽宁省博物馆是新中国建立的第一座博物馆，成立于1949年7月7日，建馆之初名为东北博物馆，1959年改称辽宁省博物馆（以下简称辽博）。

辽博新馆位于沈阳市浑南区智慧三街157号，占地面积8.32万平方米，建筑面积10万余平方米，分为陈列展览、观众服务、文物库房、文物保护、综合业务等五个业务区。陈列展览区分三层，有22个现代化展厅，展陈面积2.4万平方米，是国内建筑面积和展陈面积最大的省级博物馆之一。

辽博现有馆藏文物近12万件，其中珍贵文物数万件，以辽宁地区考古出土文物和历史艺术类文物为主。其中，历代书画收藏在国内外占有重要地位，素以体系完整、品质精良、精品荟萃而蜚声中外。

2018年7月，辽宁省公共文化服务中心组建，辽博作为中心重要分支机构，结合自身优势与发展规律，先后举办了"又见大唐""又见红山——红山文化精品文物展""山高水长——唐宋八大家主题文物展""和合中国"等现象级大展，连续四年入围全国博物馆十大陈列展览精品推介活动。

通过举办现象级展览，辽博海内外影响力显著提升。2020年，辽博获评"全国博物馆海外综合影响力"和"综合类博物馆综合影响力"榜单第七和第六。

未来，辽博将继续坚持以人民为中心的办馆方向，促进文物和文化遗产活化，不断深化拓展文物合理利用，为人民群众提供更优质的公共文化服务，对照国内外一流博物馆行业标准，积极开展具有中国特色世界一流博物馆创建工作，以文物展览宣传辽宁文化宝藏，以文化宝藏展示辽宁文化振兴，以文化振兴辉映辽宁全面振兴、全方位振兴。

主要藏品及突出特点

辽宁省博物馆现有馆藏文物分为书法、绘画、丝绣、青铜、陶瓷等21个门类。以晋唐宋元书画、宋元明清缂（kè）丝刺绣、红山文化玉器、商周时期窖藏青铜器、辽代瓷器、历代碑志、明清版画、古地图、历代货币等最具特色和影响。如馆藏现存世界最早的楷书墨迹《东晋佚名曹娥诔（lěi）辞》、唐摹《万岁通天帖》、"草圣"张旭《古诗四帖》、宋徽宗传世草书孤本《草书千字文》、传世人物画巨作唐周昉（fǎng）《簪花仕女图》、宋摹唐张萱《虢（guó）国夫人游春图》、五代时期中国南派山水画鼻祖董源的传世代表作《夏景山口待渡图》、宋徽宗《瑞鹤图》等，皆为稀世之珍。

古代辽宁

地处中国东北的辽宁既是中华文明的发祥地之一，也是多民族文化的交汇地带，历史悠久，内涵丰富。距今28万年前，人类开始在辽宁大地繁衍生息，逐渐从蒙昧迈入文明。"古代辽宁"主要展示史前时期至清代的辽宁。

明清玉器

明清时期玉器沿袭唐宋以来世俗化、生活化的风格并加以发扬，尤其是乾隆时期，玉器造型规矩，琢（zhuó）磨精致，集历代之大成，达到了玉器史的巅峰。由于历史的原因，辽博的明清玉器数量多、质量佳、品种全，比较全面地反映了明清时期玉器的基本面貌。

中国古代碑志

碑志是中国古代文化的重要载体。辽博的碑志展品,时代跨度大,上自汉魏,下迄明清,地方特色鲜明,数量众多,以北魏墓志、辽代墓志中的帝后哀册最具特色,是中国东北古代各民族文化融合、建设家园历史进程的真实写照。

明清瓷器

中国瓷器的发展始于东汉时期,历经魏晋、隋唐、宋元,于明清时期达到鼎盛。明代,江西景德镇跃升为"天下窑器所集"之瓷都,所烧瓷器的品种、产量、销路均超过以往任何一个时期。清代,特别是康熙、雍正、乾隆三朝,制瓷业达到了历史最高峰。

中国古代铜镜

铜镜一直是人们生活中不可或缺的用具。辽博收藏的历代铜镜,向人们讲述着不同历史时期的社会生活,记录着那个时代人们的思想观念和生活方式。

中国古代货币

　　货币是商品交换的媒介,是商品交换发展到一定规模的产物。辽博收藏的历代货币品种丰富,全面地展现了在几千年的历史长河中,中国货币的产生与发展过程,以及对周边国家的钱币铸造和流通的影响。

辽代陶瓷

　　公元十世纪初,契丹人在中国北方建立了一个强盛的王朝,史称"辽"或"契丹"。在历时二百余年的统治时期内,辽王朝创造了独具地方色彩和民族风格的文化,以实用为主兼具装饰美感的陶瓷制品是其重要内容之一。其内蕴的契丹民族的文化审美、装饰韵味和精神力量,对草原文明的进程产生了深远影响。辽代陶瓷被誉为"中国陶瓷史上的一枝奇葩"。

中国历代玺印

　　中国的玺印有着3000年左右的历史,在各个领域都发挥着独特的作用,成为中华民族悠久历史文化的重要组成部分。辽博收藏的历代玺印篆刻,能够较为完整地展示从先秦至近代各类玺印的样式与流派,让大家欣赏中国玺印篆刻艺术的流传与演变,体味中华文化的博大精深。

008　辽宁省博物馆

中国古代佛教造像

辽博收藏的佛像主要是石刻造像和鎏金铜像,北朝和隋唐以石造像为主,十六国至清朝则以金铜造像为主。这些造像总体上可分为汉、藏两种风格,是我国文化宝库中伟大的艺术瑰宝,是中华民族传统文化的重要组成部分。

中国古代书法与绘画

辽博收藏了数量可观的中国历代书画,其中既有晋唐宋元的稀世名作,也有明清各画派名家的代表作品,可以概括地反映出中国古代书画艺术发展的脉络,展示中国古代书画的艺术魅力和文化内涵。

古代辽宁

　　地处中国东北的辽宁是一片写满神奇的土地。这里既是中华文明的发祥地之一,也是多民族文化的交汇地带,历史悠久,内涵丰富,在中华统一多民族国家的形成和发展中有着独特的地位和作用。

　　距今28万年前,人类开始在辽宁大地繁衍生息,逐渐从蒙昧迈入文明。距今5000年前,红山先民创造的文化预示着辽河流域文明的曙光,青铜时代的方国文明,奠定了华夏民族统一的基础。秦汉以来,匈奴、鲜

卑、高句（gōu）丽、契丹、女真等族此消彼长，先后建国，在与汉文化的碰撞交汇中走向融合，创造出丰富的历史与多彩的文化。本展览旨在以丰富的文物资料，为广大观众展示古代辽宁源远流长的历史与博大精深的地域文化。

史前时期

距今约28万—约4000年

第一单元
开拓洪荒 洞穴岁月

考古学一般将人类起源至农业出现以前的这一漫长时期称作"旧石器时代",这个时代以打制石器作为标志之一。辽宁是远古人类活动较早的地区之一,包括了旧石器时代早、中、晚期较完整的序列,其文化特征与华北的旧石器文化相近。其中金牛山人和小孤山人创造的物质文化水平,均居于人类进化史的前列,成为辽河文明的先导。

金牛山人头骨(复制品)

高16cm

辽宁营口金牛山遗址出土

少女留芳金牛山

金牛山遗址地处渤海湾东北岸,距今约28万年,是中国东北旧石器时代早期文化内涵最丰富的古人类洞穴遗址。

1984年,考古人员在这里发现了55块人类骨骼化石。研究发现这些骨骼化石属于一位年龄在20岁到22岁之间的少女,这是迄今为止在东亚发现的唯一包含头骨和躯干的远古人类骨架化石,经检测发现,金牛山人的大脑容量与我们现代人相当,具有较高的智力水平。这一考古发现,被列为1984年"年度世界十大考古科技"之一。另外,在山洞里人们还发现了许多燃烧过的哺乳动物残骨,这些发现表明当时的金牛山人已经开始使用天然火且食用熟食。

古代辽宁

炭火围炉享美味

葛氏斑鹿角化石

旧石器时代
高40cm
辽宁营口金牛山遗址出土

考古学家发现在金牛山遗址与金牛山猿人共存的动物化石十分丰富，葛氏斑鹿角化石仅是其中之一，其地质年代属于中更新世。专家在地层中发现有厚约30cm的灰烬层，其上还有两处圆形的灰堆，灰烬层与灰堆内有大量的烧骨和烧石，烧骨中有较多的兔类、鼠类和鹿类的肢骨，这些动物都是当时人们狩猎的主要对象。

据专家推测，金牛山人在生火之前先在地面用石头垒起一个圆形的石头圈，以控制篝火的范围，这便是"土石封火"，当时人们不会人工取火，但已经懂得使用自然火且保留火种。这个控火的石头圈类似后来的"灶"，人们在"灶"上烧烤食物。

普氏羚羊颌骨化石

旧石器时代
高6cm
辽宁朝阳喀左鸽子洞遗址出土

狩羊熏烤充饥肠

喀左鸽子洞遗址位于喀左县甘昭乡的大凌河西岸，距今约70000年。鸽子洞人主要用石英岩石制作石器，形体趋于小型化。通过洞内灰层中出土的动物烧骨可知，羚羊是当时人们的主要狩猎对象。洞内还发现了人工生火的遗迹，这是人类控制自然的一大进步。

014　辽宁省博物馆

神器在手鱼难逃

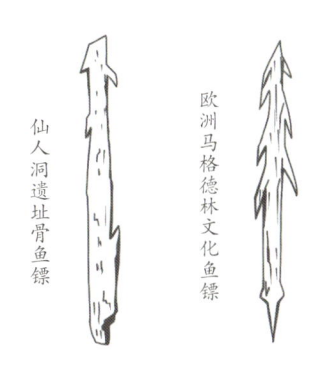

仙人洞遗址出土骨鱼镖（biāo）与欧洲马格德林文化鱼镖比较图

骨鱼镖

旧石器时代
辽宁鞍山海城仙人洞遗址出土

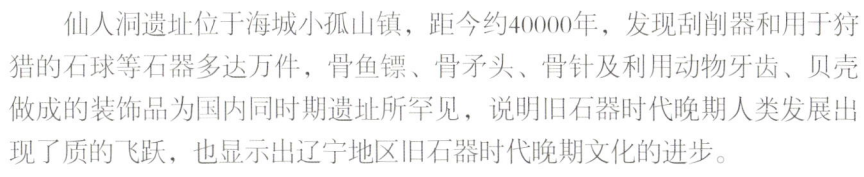

  仙人洞遗址位于海城小孤山镇，距今约40000年，发现刮削器和用于狩猎的石球等石器多达万件，骨鱼镖、骨矛头、骨针及利用动物牙齿、贝壳做成的装饰品为国内同时期遗址所罕见，说明旧石器时代晚期人类发展出现了质的飞跃，也显示出辽宁地区旧石器时代晚期文化的进步。

  骨鱼镖是古人发明的捕鱼神器，一般分为死柄鱼镖和脱柄鱼镖两种。

  这件骨鱼镖，保存基本完好，分为头部、主干部和根部。头部为扁锥体。主干一侧有一个倒钩，另一侧有两个倒钩，上下排列。其中部一侧有一凸缓坡的突起，中间有一小切口。根部与主干连接部位有一与倒钩相对的叉，根部削薄，纵剖面呈楔状。学者根据其磨损程度和结构设计推测这件骨鱼镖应为脱柄鱼镖，脱柄鱼镖一般是将鱼镖插在木柄或竹柄的夹銎（qióng）中，用时将镖刺入动物体内，猎物的挣扎导致镖与柄的分离，猎物越挣扎，倒钩刺得越深，猎物越难以挣脱。

  这件鱼镖是目前中国发现的时代最早，也是中国旧石器时代遗址出土的唯一一件骨鱼镖。其形制与欧洲马格德林文化骨鱼镖相似。该骨鱼镖选用鹿角为料，以锯、切、刮等多种技术制成。两侧削出双排倒刺，且有"栏"有柄，便于叉牢猎物，经模拟实验可捕捉身长60厘米以下的鱼类。

古代辽宁 015

第二单元
走出蒙昧 文明曙光

距今10000年前后，以磨制石器的使用、原始农业的产生、陶器的发明为标志，古人类跨入了新石器时代。辽河流域发现新石器时代遗址300余处，遍布辽宁大地。其中距今约8000年的查海遗址出现的礼玉和龙崇拜观念，使辽宁地区率先进入"文化起步"阶段；5000年前牛河梁规模宏大的"坛庙冢（zhǒng）"祭祀遗址群，是中华大地较早升起的文明曙光。

> **小知识：查海遗址**
> 　　查海遗址位于阜新蒙古族自治县沙拉镇查海村濒临辽河支流饶阳河源头的一处山坡台地上，距今约8000年。该遗址揭露出50多座房址，成行排列，房址间有窖穴，中部广场上摆塑一大型龙形堆石、十多座墓葬和祭祀坑，遗址四周围以环壕，形成一座完整的史前聚落，被誉为"辽河第一村"。

之字纹深腹陶罐

新石器时代
口径28cm 底径15cm 高40.5cm
辽宁阜新查海遗址出土

深腹『之』纹红山饰

　　筒形罐是中国东北地区新石器时代最典型的陶器，它的基本特征是器形呈深筒状，多数表面有装饰，主要有压印、刻划、贴附、施彩等四大类。它是炊器、水器，一般用于炊煮食物，器形较大者可作为贮藏器。

　　这件陶罐表面的"之"字形纹饰在东北大地很多陶器上均有发现，是红山文化的代表纹饰，意味着红山先人已经开始讲究物品的造型和图案了，这种纹饰也可能代表了古人共同的信仰物或是人们在日常生活中非常熟悉的东西。

古代辽宁　017

龙蛇似有兄弟情

蛇衔蟾蜍（chán chú）陶罐

新石器时代
口径33cm 高47cm
辽宁阜新查海遗址出土

此罐口沿下饰斜线纹，腰部一面是一只四肢伸展、后背麻点密布，伏地而居的蟾蜍；另一面则浮雕着一条蛇咬住蟾蜍，画面造型逼真。

龙的起源，有源于鳄鱼说、蜥蜴说、虺（huǐ）蛇说。陶罐上的蛇衔蟾蜍画面，以及查海遗址出土的龙纹陶片、大型石堆龙等，似乎暗示作为中华民族象征的"龙"的形象，以蛇身为主体，龙是由蛇演变而来的。

崇龙尚龙遍习俗

龙纹陶片

新石器时代
长6.8cm 宽6cm
辽宁阜新查海遗址出土

这件陶片为陶器上龙纹的残片，龙身蜷曲，有鳞无足。与查海遗址出土蛇衔蟾蜍陶罐上的蛇形象相近，但是该龙身有粗大鳞纹。

龙作为一种被高度神化的动物形象，其起源与宗教祭祀相关。生活在8000年前的查海人，普遍流行一种崇龙尚龙的习俗。查海遗址大型龙形堆石，位于聚落的中心，充分体现出其地位的尊贵。同时墓葬随葬精美玉器，也与通神有关。玉与龙的初现是辽河流域文化起步的重要标志。

018 辽宁省博物馆

玉玦（jué）

新石器时代
左，外径1.4cm　内径0.5cm
右，外径1.7cm　内径0.6cm
辽宁阜新查海遗址出土

真玉鼻祖美人饰

我们通常说的玦和珏（jué）为同一类玉器，均为带一缺口的环形玉器，是我国最古老的玉制装饰品，在古代主要是被用作耳饰和佩饰。规格较小的一般被称作珏，成对出现，多为女性佩戴的耳饰，多见于出土古墓女主双耳侧，类似今日的耳环。玦一般是单个，男性多别在腰间。

玦在古代有不同的寓意，比如"决断"之意，我们最熟知的是"鸿门宴"中，谋士范增频频举起随身所佩之玉玦，暗示项羽尽快做出决断，杀掉刘邦。其次还有决绝和不自满之意，"满者为环，缺者玦"。古时王公贵族佩戴玉玦，暗喻告诫自身不可自满。

查海遗址出土的这对玉玦，玉质沁成乳白色，经鉴定为透闪石软玉。正圆形，玦环体，宽而厚。出土时，恰位于墓主人的头骨两旁，应为耳饰。这是中国乃至全世界已知最早的真玉器。

古代辽宁

斜口陶器
新石器时代
高36cm
辽宁沈阳新乐遗址出土

　　这件陶器造型特殊，通体压印规整的"之"字纹，整个形体颇像现代农家的簸箕（bò ji），根据其敞口、斜壁等特点，也有称簸箕形器、斜口异形器等。
　　这种斜口陶器主要分布于辽河流域，在新石器时代其他地方均未发现。所以有学者推断斜口器应是东北地区特有、"土生土长"的一种器型。因其形状如同筒形罐腹部斜着切去一部分，所以推断二者应该有紧密联系，斜口器应是由筒形器发展而来。
　　这种器物的用途至今成谜，有人根据其发掘现场大多在火膛附近或是在家里的某个角落，推测其可能是用于取火或保存火种的容器，或是用作取暖的火盆，也有一种可能是撮（cuō）搂工具，用于打扫杂物，类似于我们现在装垃圾的簸箕。

土生土长今是谜

舟形陶器
新石器时代
高5cm
辽宁丹东后洼遗址出土

　　此器为手工捏制，腹部稍宽，圜（huán）底。材质中含有滑石粉，说明在新石器时代我们的先民已经懂得在制陶过程中添加滑石粉，这不仅可以让陶器细腻光滑，还使其质坚耐用。
　　这种造型的舟形器在浙江河姆渡，黄海沿岸的大连、旅顺地区也有发现，虽然截至目前我国未发现新石器时代的独木舟，但是这些舟形器足以证明当时的先民们就已经开始广泛应用独木舟，是古代居民海上活动的见证。

星辰大海是征途

煤精制品

新石器时代
煤精球形器，直径1.2～1.3cm
煤精泡形器，直径3.35cm　高1.2cm
煤精耳珰（dāng）形器，底径1.4～1.8cm　高2.5～3.6cm
辽宁沈阳新乐遗址出土

一方神物黑珍珠

　　煤精又称"煤玉"，是一种乌黑发亮、质地坚硬的自然资源。新乐遗址出土的煤精制品多达百余件，经鉴定，原料来自辽宁抚顺，它是如何来到沈阳新乐遗址的至今成谜。

　　这些煤精形状有耳珰形、球形和泡形器等。打磨光滑，工艺精美。用途可能与原始占卜有关，也有学者猜测其可能是一种装饰品或者玩具。新乐遗址煤精制品是中国最早的煤雕工艺品，已有7000年的历史。2008年6月7日，煤精雕刻经中华人民共和国国务院批准列入第二批国家级非物质文化遗产名录。

古代辽宁　021

中华"共祖"红山女

女神头像（复制品）

新石器时代
面宽16.5cm　残高22.5cm
辽宁凌源牛河梁女神庙遗址出土

女神头像出土于女神庙主室两侧，用黄黏土掺草禾塑成。大小接近真人，面部磨光并涂朱，五官比例和谐，微笑欲语。头顶有发髻或饰物，具有蒙古人种特征。双眼用玉石镶嵌，下唇贴蚌片代齿，更显神秘。

女神庙位于牛河梁主梁顶部，坐北朝南，平面呈"亚"字形，半地穴式，面积75平方米，是更高层次的祭祀场所，已具宗庙性质。其中供奉着规格不一的女神群像，还有熊、鹰等动物神和彩陶祭器。

有专家推测女神的崇拜相当于传说中的女娲，也有专家推测当时的红山文化时期是以农业为主要生计的社会，女神是先民们崇拜的土地神的形象。著名考古学家苏秉琦先生定论道："她是红山人的'女祖'，也就是'中华民族的共祖'。"

小知识：牛河梁遗址

牛河梁遗址，位于辽宁省朝阳市境内，属新石器时代晚期的红山文化遗址，距今5500年至5000年。其中坛、庙、冢（zhǒng）等遗址和珍贵玉器的发现，以确凿而丰富的考古资料证明，早在5000年前，社会形态已经发展到了原始文明的古国阶段，为中华民族5000多年的文明史提供了有力证据，对中国上古时代的社会发展史、传统文化史、思想史、宗教史、建筑史和美术史的研究都产生了重大影响。

圆筒中空通天地

彩陶筒形器

新石器时代
口径25cm 高45cm
辽宁凌源牛河梁女神庙遗址出土

  这件筒形器为泥质红陶。器中空无底。器身表面是黑色三角勾连纹、垂鳞纹和各式几何纹。

  筒形器是红山文化独有的器形，上下无底，在生活中没有实际使用意义，在祭祀活动中起到沟通天地的作用，祈祷为逝去的人提供"饮食"，在积石冢中大量出土并有规律地排列，成为红山文化葬制的一大特色。

  红山文化时期社会生产力低下，人们将衣食住行、后代繁衍、生活安全等大事情寄托在某种象征物身上，然后把象征物概括的图形绘制在器物上，来寄托古人内心的期望，这些纹饰也反映了古人当时的精神生活。

古代辽宁 023

双人首三孔玉梳背饰

新石器时代

长16.8cm 宽3.1cm

辽宁凌源牛河梁遗址第二地点1号冢（zhǒng）17号墓出土

发上忽生玉人面

梳子自古以来就是人们梳理头发的用具，但玉梳不是一般的梳理用具，而是作为装饰用的插梳。梳背是梳子的上半部分，下半部分镶嵌梳齿。梳齿插于发间，发上露出漂亮的梳背。

这件玉梳背饰，白色，长方形，两端各有一人首，中间钻三个等距孔，其下对钻三小孔，便于和梳齿连接。

勾云形玉佩

新石器时代

宽28.6cm 高9.8cm

辽宁凌源牛河梁遗址第二地点1号冢27号墓出土

似鸟非鸟多变幻

这件玉佩呈深绿色，间有黄瑕斑。体甚长却很薄，有正反面之分。反面略内弧，正面纹饰较规整，正反面均饰瓦沟纹，纹饰依体形而盘卷曲折。在纹饰间透雕一小圆孔和窄条形镂孔，外形对称。

勾云形玉佩是红山文化玉器中的典型器之一，造型抽象，幻化多变，似鸟非兽。

上下翻飞盛于商

双鸮（xiāo）玉佩

新石器时代

长12.9cm　宽9.5cm

辽宁凌源牛河梁遗址第二地点1号冢26号墓出土

鸮，古代人称之为鸱（chī）鸮、枭（xiāo）和鸱枭等，俗称猫头鹰。从考古资料可知，鸮形器物在新石器时代出现，商代开始盛行。

在古代众多"能与上天沟通"的鸟类中，鸮是古人最偏爱的鸟类之一，不仅在红山文化出土了大量鸮造型的玉器，在全国其他遗址中也曾多次出土，据推测鸮应与宗教文化有关联。

此玉佩淡绿色，有土渍。两端用阳线琢出猫头鹰的面部轮廓，中间有一略呈长方形的孔，背面一端有两孔，另一端有四孔，可用来穿系。

绝地通天有神功

斜口筒形玉器

新石器时代
长径7.4cm　短径5.8cm　高15.5cm
辽宁凌源牛河梁遗址第十六地点2号墓出土

　　此器为青白玉材质。器壁均薄，外壁光素平滑。整体作椭圆形长筒状，上端作斜坡形口，斜坡口磨成刃状，下端平直口，下端直径略小于上端，外形似倒置的马蹄。下端两侧各有一个小圆孔，可穿系。筒内有加工时留下的多道痕迹，斜口处留有磨痕缺口，似经长期使用所致。

　　斜口筒形器是红山文化代表性玉器之一。出土时一般置于头骨下，多以为是束发器或以此器上下贯通为红山人"绝地通天"之神器。

白玉猪龙

新石器时代
宽10.7cm 高15.6cm
辽宁凌源牛河梁遗址采集

红山有龙腾四方

"玉猪龙"是红山文化的代表性形象,是目前所知的最早的"龙"形象器物,是红山先民极富想象力的艺术作品,包含了他们对祖先神灵的信仰与崇拜,深刻体现了"唯玉为葬"的远古礼俗。截至目前,红山文化区出土的玉猪龙已逾20件,尺寸在10～20厘米,有些小型玉猪龙甚至只有几厘米高。

这件玉猪龙通体厚重,制作规整,是已发现的红山文化玉猪龙中最精致的一件。特征为肥首大耳,约占整个身体的一半。双目圆睁,外雕双连弧曲眶线,使额部如后来商代特有之菱形纹。鼻部加刻数道皱纹,吻较长,与蜷曲之尾衔接,犹未断开,处于较早阶段。造型雄浑粗犷,充分体现红山文化玉器的艺术风格与时代气息。

夏商周时期

距今约4000—约2500年

第一单元
与夏为伍 北土方国

距今约4000年前，经过古国时代各地部族的文化交流、碰撞与融合，辽宁地区进入夏商王朝与周围方国并存时代。此时，辽宁地区既有"与夏为伍"的夏家店下层文化，又有多类型的其他青铜文化，构成商周北土的不同部族方国。这些文化各具特色，又与中原夏商王朝保持着密切联系，是后来东北不同系统民族文化的源头。

权贵拥旄仗斧钺

石钺（yuè）

夏家店下层文化
长12cm　宽7.5cm
辽宁朝阳县联合公社西房山大队出土

钺在古代原本是作为劳动工具出现的，属"斧斤"一类，然而钺在后来却成为王权的象征、杀伐的刑具，就如埃及法老手中的权杖一般。

此钺呈乳白色，表面光滑，通体磨制，正锋、弧刃。钺身呈铲形，近顶端三分之一处有圆孔，圆孔四周在钺身表面突起，形成突出圆环状。圆孔右上角有小圆孔一个。制作工艺精良，刃部基本无损，已经脱离了实用器的范畴，应是作为礼器出现的。

古代辽宁　029

貌合神融血脉通

彩绘陶鬲（lì）
夏家店下层文化
口径16cm　高24cm
内蒙古赤峰敖汉旗大甸子墓地出土

　　鬲为古代煮饭用的炊具。新石器时代晚期已出现陶鬲，商周时期陶鬲与青铜鬲并存。其形状一般为口沿外倾的侈口，有三个中空的足，便于炊煮加热。

　　这件鬲形体瘦高，敞口，短颈，高裆袋足，锥形足跟。全器在磨光的黑陶地上绘朱黄两彩饕餮（tāo tiè）形纹饰。

　　彩绘陶鬲是夏家店下层文化彩绘陶中具代表性的器物之一。其器类有罐、罍（léi）、尊、鼎、鬲等。纹饰以兽面纹、龙纹、云纹等为主，它们既是等级身份的标志，也是工艺精湛的艺术品。其中，还有鬶（guī）、爵、盉（hé）等仿铜酒器与彩绘陶器共出，反映了夏家店下层文化与中原夏和早商文化的密切关系。

小知识：夏家店下层文化

　　夏家店下层文化距今约4100年至3500年，相当于中原夏到早商时期，分布范围北以西拉木伦河为界，南抵永定河，中心范围在燕山北侧。该文化拥有呈立体分布的城堡群、彩绘陶器、仿铜陶礼器及成组玉器，反映了当时社会等级、礼制已经形成。该文化雄踞燕山南北，盛极一时，是能"与夏为伍"的北方强大方国，可能与文献所记商代北土"燕亳（bó）"有关。

繁丽彩花铺天路

彩绘双腹陶罐

夏家店下层文化

口径7.4cm　腹径18.6cm　底径8cm　高27.3cm

内蒙古赤峰敖汉旗大甸子墓地出土

　　这件陶罐造型奇特，亦有"塔式瓶"之称，在数百座墓葬中，仅此一件，甚为珍贵，当为殉葬的一种特制礼器。

　　它的材质为泥质黑陶，上下双腹如葫芦形，圆口，口沿外卷，高颈，颈和上腹界限明显，上腹微鼓，束腰，下腹圆鼓，假圈足。颈上部饰四乳突，上腹堆贴贝纹，束腰处三道凸弦纹。在磨光的黑陶地上绘朱黄两彩花纹，颈及双腹饰回纹三道，间以叶蔓纹，并巧用陶地的黑色，使之呈三色相间，显得花色繁丽富于变化。

古代辽宁

第二单元
华风北渐 商鼎周彝

商末周初，在辽西大凌河流域发现了多处窖藏商周青铜器，均为社稷（jì）重器，其中的燕侯器说明周初燕国势力已达辽西，箕侯、伯矩和圉（yǔ）族器，也见于北京琉璃河燕国墓地，且有接受燕侯赏赐的记录，说明这些器物的主人是周初活动于燕地的"殷遗民"，他们服事于燕侯，但仍保持着原氏族组织，且等级较高，是周初封燕后对当地殷遗民采取宽容统治方式的表现。

"史伐"卣（yǒu）

西周
口径14.5cm×11cm 底径16.9cm×13.2cm 高24.5cm
辽宁朝阳喀左马厂沟青铜器窖藏出土

伐姓史官为父奉

卣，古代盛酒的青铜器皿，盛行于商代和西周时期。
此卣为椭圆形体，提梁式，提梁两端饰有牛首，提梁上饰有并列的

032　辽宁省博物馆

蝉纹。盖上有杯状钮及角状的突起，盖与口沿下方各饰一周夔（kuí）纹带，中间装饰有兽首，纹带上下各饰一周联珠纹，圈足饰两道凸弦纹，器腹光素无纹。卣盖及器内腹部铸有铭文："史伐乍（作）父壬（尊）彝。""史"是负责记事、祭祀等工作的官职名，该铭文意思是：此卣为姓"伐"的史官为其父亲"壬"做的酒器。

  早在4000年前，西辽河流域就进入了青铜时代。在饮酒成风的商代，提梁卣非常流行。

高堂列鼎呈珍馐

鸟纹附耳浅腹鼎

西周
口径39.1cm　高23.4cm
辽宁朝阳喀左马厂沟青铜器窖藏出土

  青铜鼎是在新石器时代陶鼎的基础上发展而成的。商周时期，在西辽河流域，鼎主要作为烹煮器、盛食器等实用器，能体现财富和身份。而在中原一带，青铜鼎大多不直接用作烹煮器，而是主要用作祭器和宴飨（xiǎng）的盛食器，其主要功用为礼器。

  此鼎口沿下方浮雕有一圈长尾鸟纹，间以小扉棱，以细致的云雷纹衬地，腹部所饰长尾鸟纹突起如高浮雕，足上亦有纹饰，具有西周前期成康昭王时代的特点。

傲然长鼓形罕见

宽带纹贯耳壶

西周

口径10cm 高41.6cm

辽宁朝阳喀左马厂沟青铜器窖藏出土

　　此壶为盛酒壶，为圆体长鼓腹悬胆式，是筒形长鼓腹式壶的变体，原本似有座，后经打磨成为现状，故放置时不是很稳固。壶体长圆形，长鼓腹，丰满如悬胆。肩有两个实耳，无铭文。花纹朴素，壶身饰有纵横相交的宽带形纹，形制罕见。其造型独特，简洁、朴素、典雅，风格独异，在西周早期少见。

获赐铸鼎记母恩

斞（zhě）方鼎

商代
口径40.8cm×30.5cm　高51.7cm
辽宁朝阳喀左北洞村2号青铜器窖藏出土

　　鼎是古代的饪食器之一。按时代来分，鼎可分为商、西周、春秋三个时期；按器形、纹饰等特征来分，鼎可分为圆鼎、方鼎、异形鼎三大类。方鼎是铜器之尊，是当时最高等级的礼器，此前出土的商周方鼎大都见于商代国都和王墓之中。

　　此鼎口沿下饰饕餮（tāo tiè）纹带，雷纹衬地，腹部饰乳丁纹框，四隅有扉棱；足上部饰饕餮纹。腹内长壁及内底都铸有铭文，内壁铭文："丁亥 商（赏）又（右）正 贝才（在）穆朋二百（扬） 商（赏）用乍（作）母己（尊）。"大意是：器主曾在穆地任右正之职，获得箕侯亚的赏赐之后，铸造此鼎来祭祀母亲。

　　箕侯亚人造的青铜器，曾在北京卢沟桥出土。箕侯在周初虽服事于燕侯，但在商代是仅次于商王的巨族，这件方鼎是箕侯亚人权势地位的体现。

古代辽宁　035

蟠龙欲舞听蝉鸣

卷体夔（kuí）龙纹盖罍（léi）

西周

口径15.5cm 底径16.5cm 高44.5cm

辽宁朝阳喀左北洞村2号青铜器窖藏出土

罍是一种盛酒器，也可用于盛水。按形体可分为圆体、方体两类。

本件罍为圆形有盖罍，盖上有半浮雕龙纹，通体作蟠龙状。盖面及周沿以三个长尾夔纹盘绕，中心有一蝉纹。龙身腹底对应于盖面中心，也饰一阴线简化的蝉纹。罍为高圈足，通体花纹，两面四分，上下四层，每面上腹饰对向变形卷体夔纹，突目、利爪、尖齿；下腹饰兽面纹，近底及圈足饰夔纹，通体以雷纹衬地。耳、鼻作兽首状，耳衔圆体圆环，可游动，两耳兽面顶端及耳面饰夔纹。

"伯矩"甗（yǎn）

西周
高41cm　口径25.5cm　腹深17.5cm
辽宁朝阳喀左山湾子青铜器窖坑出土

伯矩家族食飘香

　　甗是饪食器的一种，主要用作蒸食用，分为上下两部分，上部为甑（zèng），盛放食物，下部为鬲（lì），用以煮水，中间为箅（bì），箅上有孔，通汽用以蒸食物，与现代的蒸食炊具结构相似。

　　这个甗为青铜铸造，口沿下饰一周三组饕餮（tāo tiè）纹，间以短扉棱，扉棱位于兽面中间，衬以细致的雷纹带。

　　在此甗的内腹近口沿处，有铭文六字"白（伯）矩乍（作）宝蹲（尊）彝"，大意是：伯矩家族做的这个宝器。此器铭文与北京房山琉璃河西周燕国墓葬所出"伯矩"青铜器名一致，为同一家族同组的器物，对研究伯矩家族及西周封国有极高的历史价值。

古代辽宁　037

鱼家族徽铸铜尊

"鱼"铭铜尊

西周

口径25.3cm 底径15.3cm 高37cm

辽宁朝阳喀左山湾子青铜器窖藏出土

尊，现代写作"樽"，是商周时期的一种大中型盛酒器，盛行于商代至西周时期，春秋后期已经少见。

本件尊形体近似觚（gū）形，花纹主要分为三段，各段纹饰均以棱脊为鼻，主纹间填云雷纹地。颈部为四组倒置的蕉叶饕餮（tāo tiè）纹，下面是一对相向的夔（kuí）龙纹；腹部和圈足均饰饕餮纹。圈足内侧铸有铭文"鱼"，为家族族徽。铸印族徽的做法，在商代已有发现。

从商朝起，有的家族在铸造铜器时，会把家族的族徽铸印在铜器上，以展示家族的财富和实力。

牛纹罍（léi）

西周
口径17.7cm　底径17.2cm　高29.6cm
辽宁朝阳喀左山湾子青铜器窖藏出土

　　罍是中国古代容量较大的盛酒器，材质主要为铜或陶两类，多以夔龙、蟠龙和兽面作为装饰。从周代起，其形状逐渐由瘦高转为矮粗，饰纹也逐渐由繁缛（rù）变得简洁、素雅。

　　此青铜罍颈、肩、圈足等部位各装饰有两道弦纹；肩部装饰有凸起的牛纹图案，图案中牛的前肢弯曲，牛尾下垂，以牛首形的器耳为共同的头部，形成一首双身的对称纹饰，牛首状器耳有珥（ěr），牛的双角均上翘高耸立于器耳之上，反向的牛尾中间装饰有凸起的兽首图案，腹下部近圈足处有一兽首形鼻，与牛尾间的兽首处于同一垂直线上。

　　此器造型别致，铸作粗犷，其造型、纹饰与四川彭州窖藏出土的牛头饰大铜罍相同，可为研究燕文化与巴蜀文化的交流提供借鉴。

南北交流供借鉴

"登歺"留铭传百世

"登歺（nì）"方罍（léi）

西周

口径17.3cm×15.8cm　底径15cm×11.6cm　高51.3cm

辽宁朝阳喀左小波汰沟青铜器窖藏出土

　　"登歺"是家族的名称，此方罍为"登歺"家族所用的盛酒器。

　　此器的盖子为屋脊式，器腹为四面体，通体四角及中间均起有棱脊，器腹两侧各有一枚兽首形环耳，环耳上衔有一枚游环。肩上部装饰有两道凸弦纹，器腹前后两面均有一个兽首形状的鼻子，盖及器身通体装饰有多组饕餮（tāo tiè）纹，以细雷纹衬地，形制优美，纹饰繁缛（rù）。器盖内一侧有"登歺"两字铭文，为家族族徽。

周王赐器初发现

"圉"簋（yǔ guǐ）

西周
口径24cm 底座22cm×22cm×11cm 高31.4cm
辽宁朝阳喀左小波汰沟青铜器窖藏出土

"圉"为人名。簋是饪食器之一，是用来盛放煮熟的食物的器皿。商周时期，簋是重要的礼器，在祭祀、宴会时，按照等级，簋以偶数组合、鼎以奇数组合配合使用。

此器为圆形方座簋，器腹饰以扉棱为鼻的饕餮纹，圈足上饰有夔（kuí）纹，方座四面各饰一饕餮纹。两兽耳下带珥（ěr），耳上的三层动物造型装饰很独特，装饰有"老虎吃猪"的形象，这是北方草原题材与商周礼器融合于一体的成功范例，也是燕国青铜器独有的特点。

簋的内底铸铭文："王于成周王赐圉贝用作宝尊彝。"大意是：周王在成周，把此物赐给圉作为祭器。这是辽宁地区首次出现的有周王和王都记载的铭文，内容与北京琉璃河黄土坡燕都墓地所出铜器铭文相同。

北京琉璃河"圉"方鼎铭文记有该族在周初与燕侯的从属关系。所以，"圉"簋是继燕侯盂（yú）之后，把辽宁出土铜器与西周早期的燕联系起来的又一例证，是研究周初燕国疆域的重要资料。

古代辽宁 041

第三单元
游牧民族 北方铜器

在商末周初，辽宁地区还存在着一种北方式青铜文化遗存。这类具有浓厚草原游牧文化特色的青铜器，以兵器、工具及马具为主，小巧玲珑，便于携带，适于游牧民族的马上生活。立雕的动物形象极为生动，富于个性。这类青铜器从黑海沿岸到蒙古高原均有发现，是这一时期欧亚草原文化的重要体现。大约在公元前2000年末，一些游牧民族由今内蒙古中南部向东迁徙，直至辽宁及以东地区，形成一条以内蒙古长城沿线为时空范畴的文化传播带。

威风凛凛似长斧

青铜戚（qī）

商代

长15cm

辽宁沈阳新民县大红旗村出土

　　戚为斧钺（yuè）类武器，刃与柄平行，功用与斧相近，刃多弧，形如新月，身薄而宽，既是兵器，也用作刑具。考古中，戚的出土量并不很多。戚作为武器，在北方民族中使用较多，在中原地区，戚多作为礼器。

　　此戚身长内短，正锋弧刃，饰条形状是突起的纹络，銎（qióng）呈管状，这是北方草原文化器物的鲜明特点，形制近于鄂尔多斯式青铜器中的管銎斧。这种銎孔装柄的工艺，与穿绳固定柄部的工艺相比，增加了器物使用的稳定性，可谓是一种创举。

牛首铜削似弯月

牛首铜削

商代

长24cm　高6cm

辽宁朝阳建平县大平庄乡出土

　　削是一种中、小型刀，又称削形刀，是古代刮物用的工具。这把牛首铜削的削体呈柳叶形，尖锋，锐利，厚背略凹，截面呈弯月形，因其柄首为一牛首的形象，故名牛首铜削。

　　在青铜时代的早期，已有锛（bēn）、凿、锥、削、小刀等较多的适用于手工制作的青铜器工具，也从侧面反映了当时的手工制作工艺水平。

古代辽宁　043

第四单元
濊貊遗踪 曲刃短剑

从西周至战国时期，辽河流域流行以"T"形柄曲刃青铜短剑为特征的青铜文化，由于这类短剑以辽宁地区出土最多且时代早晚连续，故被称为"辽宁式铜剑"。这种短剑多为墓葬随葬品，伴出有多钮铜镜、车马器等，其分布远及朝鲜半岛、日本列岛及俄罗斯远东地区，或与东北古代"濊（huì）""貊（mò）"族的活动有关。

人面蛇舞饰马装

人面铜牌饰

春秋
长9.2cm 宽7.5cm 厚0.45cm
辽宁朝阳十二台营子2号青铜短剑墓出土

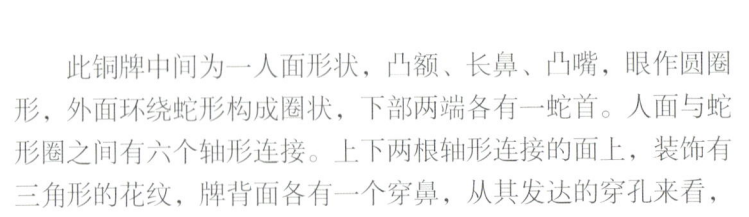

此铜牌中间为一人面形状，凸额、长鼻、凸嘴，眼作圆圈形，外面环绕蛇形构成圈状，下部两端各有一蛇首。人面与蛇形圈之间有六个轴形连接。上下两根轴形连接的面上，装饰有三角形的花纹，牌背面各有一个穿鼻，从其发达的穿孔来看，应该有着节约（一种古代马具，用作归拢收齐马的缰绳或皮条等）的作用。

牌饰上的人面，特别是长鼻扁平脸的特征明显，带有典型北方人种特征，是研究青铜短剑文化族属的不可多得的珍贵资料。

系缰结辔车马行

双虺（huǐ）纠结铜具

春秋
高10.3cm　宽7.1cm
辽宁朝阳十二台营子2号青铜短剑墓出土

虺，本意是指蛇类的爬行动物。双虺纠结铜具，即两条蛇状动物纽结在一起的铜具。

此铜具双虺相缠作梗，绕成四个透孔。头上结以方环，翘首为双钩，下有五个连珠垂饰。垂饰上、首上以及双虺绕成的环孔中，皆镶嵌有绿松石，钩环上已经磨得光滑，为经久使用的痕迹。

此铜具当为车马器，有学者以为其是用作系挂缰绳的铜钩，用处与中原所出的"弓形器"相似。此铜具构思奇巧，制作精美，集美观与实用于一身，体现了中国北方草原先民的智慧。

古代辽宁　045

鳐鱼出没伴马行

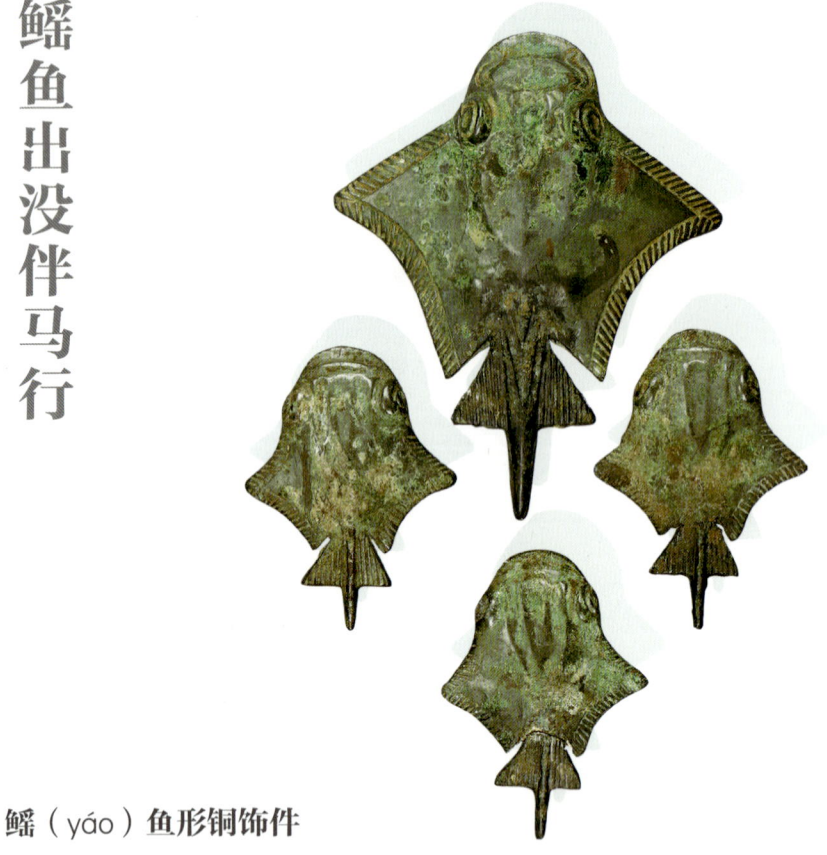

鳐（yáo）鱼形铜饰件

春秋
长9.5~15.7cm　宽9.3~13.1cm
辽宁朝阳喀左南洞沟石椁墓出土

  车马器是古代车马上的青铜配件。车马制度于西周时期开始出现，马车成为等级身份的体现物。因为只有权贵阶层才能拥有车马，因此从车马器也可以看出当年的青铜器制作水平。

  该饰件正面均为鳐鱼造型，大者腹部有上下两个桥形钮，小者有十字形钮，均供穿绳系带使用。春秋时期的车马配具多为鳐鱼形，大的可用作马额前的当卢，小的可作穿连马头革带的节约，形状生动，用作车马饰极具巧思。

蛇衔蛙铜饰件

战国

长20cm　宽5.7cm

辽宁朝阳凌源三官甸子青铜短剑墓出土

　　铜饰件是具有独特魅力、反映民族自身文化及艺术特征的器物，特别是车马器，其形状、用途多样，装饰图案丰富。

　　本饰件为车马器，为两条蛇口衔青蛙的造型。蛙的前肢撑立，后肢收屈，两条蛇各吞咬住蛙收屈的后肢，两条蛇的蛇身纠结形成三个椭圆形穿孔，蛇尾稍翘，蛇身截面呈半圆形，蛇腹底有三个半环形钮。蛙背和蛙眼镶嵌绿松石，蛙、蛇腹底有柱状梁及环状钮，以备穿带。

　　蛇衔蛙这种自然界常见而又令人生畏的情景，从上古起就作为器物装饰题材被采用，在春秋战国时期的祭器上时常见到。

双蛇衔蛙意何为

古代辽宁

"混血"铸剑奇异形

金柄青铜短剑

战国

长31.8cm 柄宽14.4cm

辽宁葫芦岛建昌县东大杖子墓地11号墓出土

　　这把青铜短剑造型奇特：剑柄为"T"字形，原物应为木制，现已腐烂，细腰状柄端加重器盘与圆饼形剑格皆为黄金熔铸，剑身有柱脊，脊两边有凹形血槽，波浪状叶刃，节尖不明显。

　　从形制上来说，此剑是典型的辽宁式青铜短剑；从使用规格来看，应当是上层贵族生前所使用，极有可能为小国君主或部族首领所使用；从时代上来看，应该在战国早期。到西汉初年，双侧曲刃剑随着铁器的普及而消亡。

　　此器出于墓葬之中，从东大杖子其他墓中所出器物来看，如蟠螭（pán chī）纹壶、鼎以及青铜豆等都具有明显的中原风格，这种地方文化与中原文化的共存，表明了当时中原与北方文化交流的频繁，极有可能为战国时期被燕国同化的山戎势力的文化遗存。

战国至隋唐时期

公元前5世纪—907年

第一单元
开疆设郡 秦汉一统

战国晚期中华大地呈现出从分裂逐步走向统一的态势。随着燕国势力的东进，东北南部纳入燕的版图，辽宁地区逐渐成为中原文化的一部分。秦汉时期，随着国家的繁荣强盛，中央王朝加快了开发东北的步伐，辽宁境内发现的这一时期的遗迹遗物，证明辽宁已经成为当时东北地区政治、经济、文化中心，更是向周边地区传播中原先进文化的枢纽。

小知识：燕国边郡

公元前三世纪初，燕昭王遣大将秦开却东胡，设立上谷、渔阳、右北平、辽西、辽东五郡，其中辽东、辽西和右北平郡的部分地区位于今辽宁境内；又修筑燕北长城，防御东胡等游牧民族的骚扰，辽宁地区正式纳入燕国版图。

辽地挥戈有燕王

"燕王职"铜戈

战国
长27.2cm 刃宽3cm
辽宁朝阳北票东官营子出土

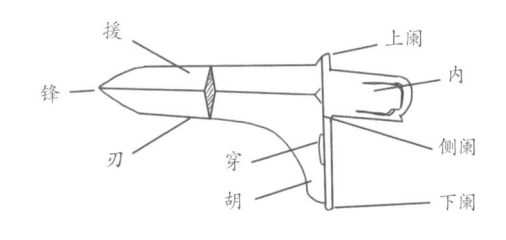

青铜戈各部位示意图

戈是古代长兵器的一种，使用时在戈的柄部绑一长木棒即可，这样可以远距离作战。"戈"也是一般兵器或战争的代名词。

此戈直援方内，三穿中胡。援上有略隆起的脊，两侧有沟，胡刃有弧三曲，有两突棘，阑内三穿，直内一穿，端下角有缺，内饰虎纹。铭文有"郾（yǎn）王职戈乍（作）御司马"八字。

《史记》所载燕世系中无"职"一代，但"王职"铭文的兵器发现已不下十数件，多见于河北易县燕下都。它的发现可补史之阙疑，燕确应有"职"一代，依时间推算也可能是燕昭王。此戈在辽宁发现，为燕在辽宁境内的活动提供了极重要的物证。

古代辽宁 051

龙盘殿上瓦当王

夔（kuí）纹大瓦当

秦代

长68cm　高37cm　当面直径52cm

辽宁葫芦岛绥中县姜女石遗址出土

姜女石遗址为秦始皇东巡所建行宫，汉代沿用。该遗址利用海湾地势，以石碑地遗址为主体，黑山头、止锚湾遗址为两翼，恰如"一宫两阙"面对海上"碣石"（民间俗称姜女石），规模宏大，气势磅礴，展现了皇家的威严和气派，是中央政府对辽宁的开发和经略的体现，也是秦汉统一多民族帝国的象征。

此瓦当正面饰高浮雕简化的夔纹，卷曲盘绕，状如山峦。这件瓦当是迄今已发现的历代瓦当中最大的一件，可称"瓦当王"。同类的瓦当曾发现于秦皇陵2号建筑基址，为秦始皇皇家大型宫殿特用之建筑构件。

瓦上篆隶书柳城

"柳"字板瓦

西汉

残长20.9cm　宽11.5cm　厚1.3cm

辽宁朝阳袁台子遗址出土

1979年辽宁朝阳市十二台营子乡袁台子村发掘了一处战国秦汉大型遗址，该遗址出土了121块带有"柳""城""柳城"字样的板瓦和筒瓦残片。字均用陶拍拍印而成，字体为篆、隶书两种。

这些板瓦的发现证实今朝阳袁台子一带即为汉辽西郡"柳城县"所在地，也为附近其他几座汉代县城的位置提供了坐标。

双牛纹铜牌饰

西汉
长14.9cm　宽7cm
辽宁铁岭西丰西岔沟墓地出土

　　此牌饰中的双牛相对而立，侧首比肩，十分健壮有力，生动传神，是当时该地区生产、生活与艺术相结合的有力见证。
　　西沟岔墓地出土的青铜牌饰有20多面，题材广泛、造型艺术风格独特，皆取材于生产、生活和战斗场面。
　　1956年发掘的西岔沟墓群，出土了大量西汉早期的珍贵文物，包含了夫余、汉族等多民族文化因素，反映了当时东北地区长城沿线居民各族交融、农牧业并蓄的生活方式。
　　夫余是东北历史上一个重要的少数民族，自立国以后，与汉王朝保持亲密的臣属关系，对东北地区的经济开发、文化发展做出了卓越贡献。

双牛比肩壮如山

古代辽宁　053

第二单元
民族融合 魏晋风云

　　三国两晋南北朝时期，全国范围政权更迭纷繁。汉魏之际，辽宁境内"三郡乌桓"和公孙氏政权分别割据辽西和辽东，后都为曹魏所代。两晋时期，慕容鲜卑崛起于辽西，建立"三燕"政权，高句（gōu）丽则占据辽东山地。南北朝时期，辽宁东部地区被高句丽占领，辽西地区则先后经历了北魏、东魏、北齐政权。这些政权和民族间的碰撞、兼并，加速了经济文化交流，为华夏文化注入了活力。

小知识：

曹操北征

　　建安十二年（207年），曹操远征乌桓，奔袭柳城。双方在白狼山决战，曹军大获全胜，乌桓降汉达20余万人。曹操自柳城回军，经渤海之滨，遥望碣石，写下千古组诗《碣石篇》。

公孙割据

　　东汉晚期，宦官与外戚（qī）争权，黄巾起义冲击了东汉王朝的统治基础，天下分崩离析。辽东太守公孙度自称"平州牧"割据辽东，在中原纷争动乱的时代背景下，维持了相对稳定的政治局面，中原贤士纷纷避居辽东。从公元189年到238年，公孙氏三代割据辽东达半个世纪，终为曹魏所代。

鸟纹博局镜

东汉末三国
直径17cm
辽宁辽阳三道壕1号壁画墓出土

　　博局镜即规矩镜，也称TLV镜，是汉代最流行的镜种之一，镜面图案由几何图案纹样组成，再与四神或鸟兽主纹组合。

　　"博局"是新莽时期铸在镜背上的名称，不是后人强加，因此学者们将"规矩镜"改称为"博局镜"，这一观点很快被学术界和铜镜收藏界所采纳，以后就逐渐以博局镜之名来替代规矩镜。

　　此镜出土于墓主的枕头下，用绢包裹。铜镜边缘较宽，内区为四组两两相对的鸟纹，鸟的眼睛为乳丁纹，钮区饰博局纹。

博局规矩融一体

青瓷虎子

三国　西晋
长25cm　高19cm　腹径12.5cm　口径6.5cm
辽宁辽阳北郊上王家村晋墓出土

　　虎子，古代实用器，其用途有两说，一说是溺（nì）器；一说是水器。东汉时出现，六朝时墓葬中常见，均为青釉。

　　此器通体施青釉，釉层稀薄、不光亮，制作比较粗糙，应为随葬而定烧的明器。

　　此种器型多见于东晋时期，造型从最初模仿虎形状到抽象化演变。器口作虎头张口状，提梁口附有蛇尾，肋生双翼，腹下四足。此种造型带有明显的羽化飞仙的寓意，南朝的器物出土于偏北方之地域，对于研究南北文化交流具有一定的意义。

威虎不狰伴月明

古代辽宁

慕容步摇音相同

花树状金步摇

晋代

高27.3cm

基部，长5.2cm 宽4.5 cm

辽宁朝阳北票徐四花营子房身村晋墓出土

步摇是古代妇女的一种首饰。

慕容鲜卑喜爱佩戴金器，金步摇是其特有的一种冠饰。史载鲜卑慕容部因爱戴步摇冠，被诸部呼为步摇，音讹而成慕容，是慕容部得名的由来。步摇历来被认为是慕容鲜卑的重要文化特征之一。目前为止，国内多地发现步摇，以朝阳慕容鲜卑墓葬中出土的步摇最为集中，共16件。

此步摇以锤鍱（yè）制成，基部四角各有一穿孔，基座之上有很多条分枝，每条分枝上缠有小环四五个，并均系有桃形金摇叶数枚，枝叶繁茂如花树，仿佛一树金花正在绽放。与中原地区妇女使用的"垂珠步摇"相比，其在花树状枝干上缠绕桃形金叶，只有步摇叶片而无垂珠，金叶片随身形摇动而作响，也被称为"摇叶步摇"。

金铃

下排：每只高2.1cm 腹径2cm 包括铃丸在内重98.1g
辽宁朝阳北票徐四花营子房身村晋墓出土

　　这些金色的铃铛原应是串连成环，系在踝部的脚铃，以铁丸为胆，琅琅作响。诸铃以两个轧制的金质半球体对扣铆接而成。这些铃丸的出土，证实了当时慕容鲜卑金饰工艺的高超水平。

金光闪闪踏歌声

新月形嵌玉金饰

晋代
长14cm 宽5cm
辽宁朝阳北票徐四花营子房身村晋墓出土

　　位于今北票市的大棘城，公元294年至342年间为慕容鲜卑的都城，所以周边较多鲜卑贵族墓地。
　　此金饰框内镶青色玉石片作饰，两侧划对凤纹神采飞动。金片两端各钻出四个圆孔，似可穿线悬项作饰，或是缝于某件衣物上作为服饰。慕容鲜卑常饰龙凤纹。此件凤纹为刻划而成，制法少见而别致。

龙飞凤舞饰新装

古代辽宁　057

龟钮本是官家印

"范阳公章"金印

十六国 北燕

宽2.6cm 高1.87cm

辽宁朝阳北票西官营子北燕冯素弗（fú）墓出土

龟钮是官印中最常见的钮制。此印为金质龟钮，金质纯度80%～85%。印面大小是汉魏以来的规格。金印的龟钮口目皆具，四足刻出脚爪纹，生动有趣。背缘刻弧纹，模仿龟的裙边，脊上刻的圆圈纹带像银河，两边分刻有双线折曲连接的小圈6个和7个，象征南斗和北斗。

此印工艺如此精细，为金印中所仅见。冯素弗在后燕高云时封范阳公，北燕建国改封辽西公，前朝之印没有收回，得以随葬。

冠面双饰汇多元

压印佛像纹山形金饰片

十六国

宽6.8～8.2cm 高6.6cm

辽宁朝阳北票西官营子北燕冯素弗墓出土

此件饰片一面压印一佛二菩萨像，一面缀步摇金叶，是佛教在北燕地区日益兴盛的一种反映。这种装饰品表现了中原文化、佛教文化与鲜卑文化的交互融汇，对东北亚金饰品文化的影响至为深远。

草原丝路有见证

鸭形玻璃器

十六国

存长约20.5cm 高（以底部圆饼贴地平置计）9cm

辽宁朝阳北票西官营子北燕冯素弗墓出土

　　玻璃最早诞生于公元前25至23世纪的两河流域，距今有4000多年的历史。玻璃自诞生起就是很受欢迎的贸易产品，它们沿着丝绸之路来到中国。

　　北票冯素弗墓中出土的玻璃器均为钠钙玻璃器，时代较早，约产于罗马帝国时期。其很可能是由北方草原丝绸之路传入冯氏北燕。这些玻璃器是研究草原丝绸之路重要的实物资料，具有重要的历史和艺术价值。

　　此件玻璃器身形修长，一端扁嘴如鸭，长颈圆腹，尾尖残断。通体自由吹制成型，后将玻璃料拉成细条，缠绕在器身上作为装饰。它是冯素弗墓出土玻璃器中工艺最复杂、器形和装饰最有特点的一件。这种动物造型的玻璃器皿在我国仅出土这一例。

鎏金木芯马镫（dèng）

十六国　北燕
高分别为23.2cm、25cm　宽均为16.9cm
辽宁朝阳北票西官营子北燕冯素弗（fú）墓出土

　　这对马镫的材质是桑木芯外包鎏金铜片。圆三角形，上有带孔长柄。制法是用断面作截顶三角形的木条，顶尖向外揉成圆三角形镫身，两端上合为镫柄。分档处又填补三角形木楔，使踏脚承重不致变形。柄上穿横孔，供拴系。镫的外面包钉鎏金铜片，镫环内侧加钉了一层薄铁片，上涂黑漆，工艺精细，是唯一一双有绝对年代可考的完整双马镫。

可考金镫独一双

鎏金铜钉鞋履

高句（gōu）丽
长33.4cm　宽9.9cm　钉高2.3cm
辽宁吉林集安高句丽遗址出土

　　高句丽于公元前37年立国，后定都"纥（hé）升骨城"（今本溪桓仁县五女山山城）。公元三年，迁都"国内"城（今吉林集安），427年迁都平壤，直至668年唐收复辽东。高句丽在辽东地区留下的遗迹遗物，此钉鞋履即是其一。

　　该钉鞋履底部有四棱尖状铜钉60余个。鞋底周缘折起，上有一周供系线连缀的小孔，是一种极具特色的山地鞋具。高句丽民族世居大山深谷，其城郭又多建于山上，在鞋底加钉一层金属钉掌，可防滑跌。

　　在集安洞沟墓的壁画中，有武士着钉鞋持刀站立及穿钉鞋骑马狩猎的图像。迄今为止，这种鞋具尚只见于高句丽的遗存中。它生动地展示了这一古代民族在吸收中原和邻近民族文化基础上形成的独特文化面貌。

履上有钉足生根

060　辽宁省博物馆

将军护国留威名

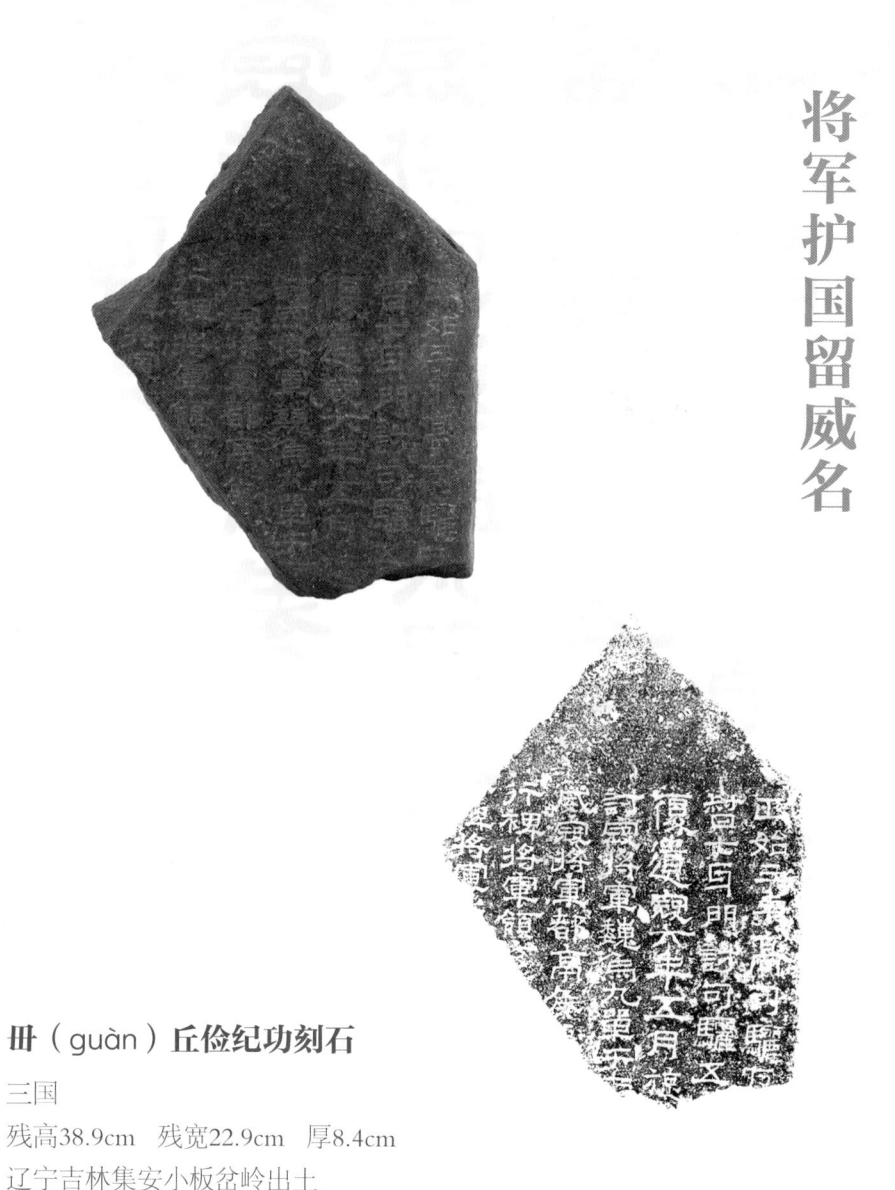

毌（guàn）丘俭纪功刻石
三国
残高38.9cm 残宽22.9cm 厚8.4cm
辽宁吉林集安小板岔岭出土

  此刻石是有关高句（gōu）丽史事最早的一块碑刻，1906年发现于集安西北小板岔岭。碑文系阴刻汉隶，由右至左竖行，残存七行48字。此碑记载了正始五年至六年（244—245年）曹魏大将毌丘俭统帅大军，征讨高句丽的史实，可与《三国志》记载的"束马悬车，以登丸都"相印证。

第三单元
边关重镇 隋唐营州

隋唐统一全国，结束了长达数百年的南北分裂局面，地接幽燕的辽宁成为经营东北的前沿。这里各族杂居、文化交融，是各族互市交易地，是中原通往东北的枢纽，是中央王朝联系东北各族的纽带，也是东北地区政治、经济、文化、军事中心和屏藩重镇。

男、女石俑
唐代
男俑，高112cm
女俑，高102cm
辽宁朝阳黄河路唐墓出土

男、女石俑的出土，是民族大融合的佐证。两俑皆以绿色砂岩雕制。男俑头束辫发，身着圆领窄袖长袍，右手架一鹰，将系鹰之绳缠于手指上，左手下垂并执一铁挝（zhuā）。女俑头顶两边梳成两髻，在颅后结成辫发，身着交领窄袖长袍，双手置于胸前作"叉手"礼。两俑的脸、手部均涂成粉红色，头发涂成黑色。从这两件石俑的发式和容貌看，应属于东北地区的靺鞨（mò hé）人形象，表现了隋唐时期营州地区多民族杂居的生活情景。

胡汉共居乐融融

三彩贴花价更高

唐三彩三足罐

唐代

高17.8cm　口径14.2cm　腹径22.4cm

辽宁朝阳唐韩贞墓出土

此罐侈口，鼓腹，下有三只小兽为足。肩部饰弦纹，施白釉及钴（gǔ）蓝色斑彩，间隔堆塑铺首和团花。腹部堆塑的飞狮施蓝、黄、绿、白四色釉，昂首翘尾，怒目张口。

堆塑，主要以捏、贴、雕、塑等技法为主，或追求写实或浓缩提炼，可增强陶瓷形象的表现力。此器造型浑圆、丰满，装饰美观，色彩鲜艳，为唐三彩之珍品。

草原丝路响驼铃

彩绘骑骆驼俑

唐代

高46.5cm

辽宁朝阳鲁善都墓出土

此俑陶胎，外施彩绘。骑骆驼者的造型、神态皆类于胡人。骆驼昂头摆尾，神气高扬，背驮丰满的包裹。骑者侧身而坐，神态自然而生动。

唐代时期，朝阳地区即营州，是草原丝绸之路东端枢纽，中亚、西亚等国的商人通过这条道路到营州从事商贸活动。这里繁荣的商业经济，吸引了大批中亚商人的到来。这些不畏艰难的使者、商人、僧侣、迁徙者，为营州注入了新鲜的活力，也为东西方经济文化交流做出了贡献。

古代辽宁　063

辽金时期

916—1234年

第一单元
铁骑帝国　契丹索迹

　　契丹属东胡鲜卑族系，世居潢水（今西拉木伦河）和土河（今老哈河）流域，公元4世纪始见于史书记载，到唐末先后经历古八部、大贺氏和遥辇氏联盟三个时期。公元916年，迭剌部的部落联盟首领耶律阿保机建立契丹（后改辽、大契丹、大辽）政权。辽朝极盛时期，疆域南据燕云，北至外兴安岭，东临日本海，西近阿尔泰山，是继匈奴、鲜卑、突厥、回鹘（hú）之后在北方兴起的又一个对中原产生巨大影响的游牧政权。历史上，辽宁地区是辽王朝版图的重要组成部分，考古发现的大量辽代遗迹遗物，反映了契丹人曾经的辉煌和辽文化的独特魅力。

> **小知识：辽之统治**
>
> 　　辽朝是以契丹人为主体的政权，其辖境内生活有契丹、汉、渤海、奚、女真、室韦、迪烈、鞑靼、铁骊等族，在与中原地区各政权交往过程中，辽代统治者领略到以儒教为主体的汉文化的博大精深，促使其主动吸收汉文化的治国理念，并与本民族的统治特点相结合，创造出因俗而治的北、南面官及四时捺钵（nà bō）等一系列独具特色的政治制度。

束腰大袍婀娜姿

鎏金银扞（hàn）腰

辽代
直径20.1cm 高18.7cm
辽宁朝阳建平张家营子乡勿沁图鲁村辽墓出土

"扞腰"，顾名思义为捍卫腰部的物件，整体呈连弧山形，两端设有长方形带扣，丝带或革带穿过带扣系结于腹前。史载辽代上京城（今内蒙古巴林左旗）有金银作坊，以掳来的汉人工匠工作，精品多出其手。

此件扞腰以长形银片锤鍱（yè）花纹后鎏金做成，中间为仰视祥云托火珠，双龙对坐图案，隙处加饰细线蓍草纹。造型生动，工艺精湛，代表了辽代金银工艺的制作水平。

这件文物是回收所得，收到时已作此圆形，曾名之为"冠"。然而根据近年考古发现，实为妇女大袍后腰的带饰，且原应为弧形长片，穿戴时此弧片横陈腰后，抵于两胁。其两端拴系的宽阔丝质腰带，横束于腹前，并系大结，以固定饰片的位置。丝带头垂下，成为双绶（shòu），其长至小腿。

066 辽宁省博物馆

小知识：辽之经济

　　契丹人初期过着"随水草就畋（tián）渔"的生活，游猎是其主要的经济活动。随着封建统治的加深，其经济出现多种形式和多种成分，农业、牧业、渔猎业以及手工业和商业并存。辽代辽宁地区经济成分复杂，汉人和渤海人从事农业；从事游牧业的契丹、奚等族，也逐渐向定居的农耕生活方式过渡，并兼营渔猎业。辽朝经济的多面发展对辽代社会的进步以及金元时期北方经济的发展产生了深远影响。

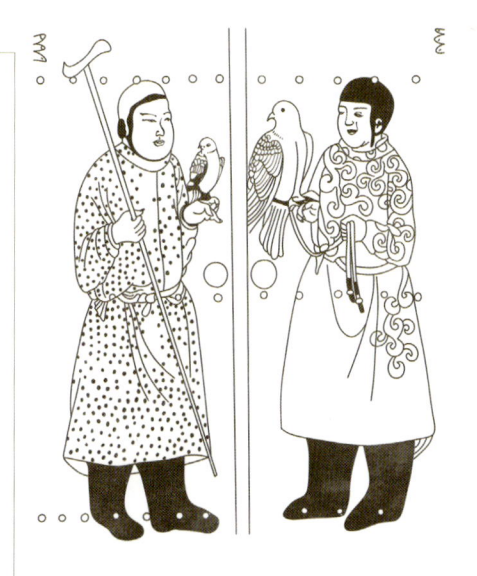

内蒙古敖汉旗博物馆收藏的《架鹰图》示意图

鎏金银臂韝（gōu）

辽代
长9.5cm　宽4cm　厚0.9cm
辽宁阜新彰武县朝阳沟2号辽墓出土

雄鹰凯旋金臂立

　　臂韝是古代先民置于手臂之上的一种套袖，用以束缚衣袖以便于射箭及其他动作。汉以前中国古代的臂韝，大体上可以分为射箭之用的射韝和日常生产生活所用的臂韝两类。

　　契丹贵族喜欢用海东青擒获猎物，海东青在擒获猎物后，多会飞回主人胳膊上，易将主人胳膊抓伤，臂韝起到架鹰防护的作用。

　　这件臂韝打制成型，银质厚重，椭圆形、正面略弧，左右两侧各有一椭圆形长孔，系带近似一只三节式的镯式圆环，通过活卡扣相连，不围猎时摘下。韝面錾（zàn）摩羯纹，双尾相接对戏。

　　架鹰的壁画在辽墓中已发现多例，从这些壁画中可知，架鹰者均为契丹男子，且均与狩猎有关，实证了契丹人的这一传统。

古代辽宁　067

鱼符右半留京城

正　　反

契丹文铜鱼符

辽代

长6.6cm　宽2.2cm　厚0.1cm

辽宁朝阳地区出土

　　鱼符是中国古代调兵遣将时的凭信之具，作用与盛行于战国、秦、汉时期的虎符一样。始于隋，先是木质，唐时改为铜鱼符，辽代沿用。《辽史》记载，太祖作金鱼符七枚，有事"以左半先授守将，使者执右半"，"合，得以调发军马"。

　　此鱼符为左半，背有鳞纹，顶穿孔，内有"同"凸字，下铸凹下契丹文，文字释读为"天云军详稳"。鱼鳞纹虽有的错金已脱落，但仍闪闪发光，十分精美。

青玉双鹅带盖小盒

辽代
高9.3cm 宽3.8cm 厚3cm
辽宁阜新清河门4号辽墓出土

四时捺钵各有所

辽宁省出土的辽玉可分为两种类型：一种是具有汉族文化传统的玉器，有着唐代流风遗韵；另一种则是代表契丹特色的玉器，如这件双鹅带盖小盒。

这件小盒为双鹅交颈卧伏状，盒内掏空，两侧各有一穿绳用的小孔，原玉坯为椭圆形子玉，顺势随形雕成此状，头身的羽毛皆用细阴线雕刻，刀法精工娴熟，是辽代玉器佳作，用途是装针等小件生活用品或香料等。

根据历史记载，猎鹅是契丹皇帝春季"捺钵（nà bō）"的一项重要活动，皇帝纵海东青击鹅，并设头鹅宴与大臣作乐，所以在辽代艺术品中，鹅为常见题材。

捺钵，指辽帝在一年之中所从事的与契丹游牧习俗相关的营地迁徙和游牧射猎等活动，四时活动的地点不同，多设在便于放鹰捕杀天鹅、野鸭、大雁和凿冰钓鱼的场所。

古代辽宁 069

骨鸣镝（dí）

辽代
残长5～5.2cm　哨孔径0.5cm
辽宁阜新关山萧氏族墓7号墓出土

驰马边城闻响镝

鸣镝，又称响箭，最初是北方游牧民族狩猎时使用，后运用到战争中。由镞锋和镞铤（tǐng）组成，缝补一面中起脊，以免弧内凹，镞铤横截面呈圆形，具有攻击和报警的用途，材质多为铜质及骨质。骨鸣镝用骨头加工而成，内有孔穴，飞行时能发出响声。

辽朝经济以畜牧业为主，牧场遍布草原各处，燕云边塞以北（今京津地区）有牧马基地，牧场遍布大漠南北。作为畜牧业经济的必要补充，渔猎业是契丹人经济生活中不可缺少的部分。皇室贵族将渔猎作为娱乐和习武的手段，普通百姓则以"搅强射生"作为解决生计日用的经济来源。

此鸣镝前端为锋刃，呈锥形，后端呈球形，球内中空，球体上有椭圆形哨孔，尾部有圆銎（qióng）接铤。

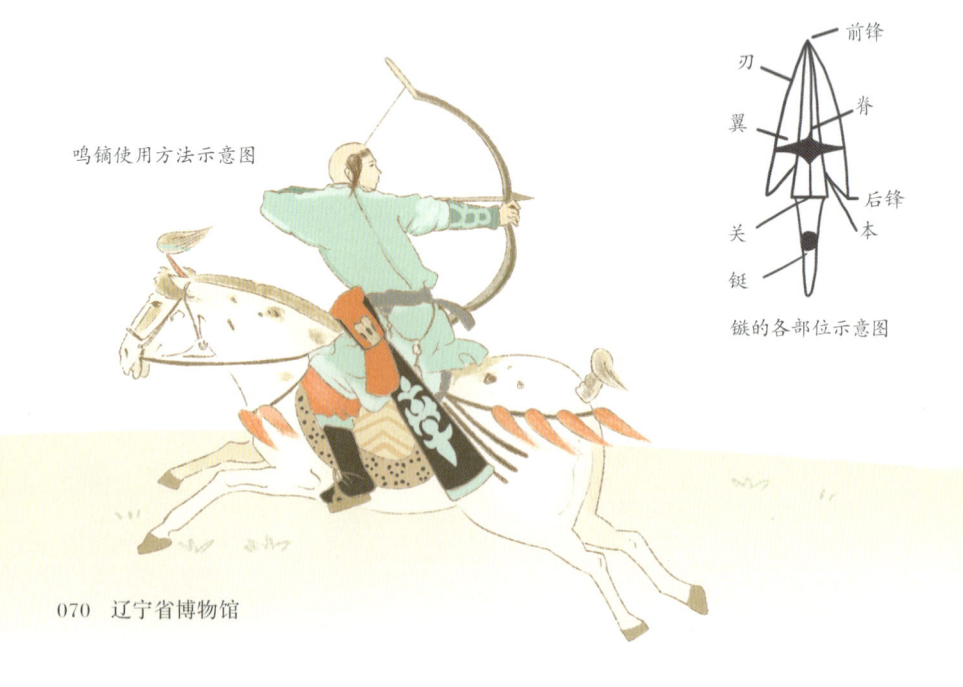

鸣镝使用方法示意图

镞的各部位示意图

契丹马具示意图

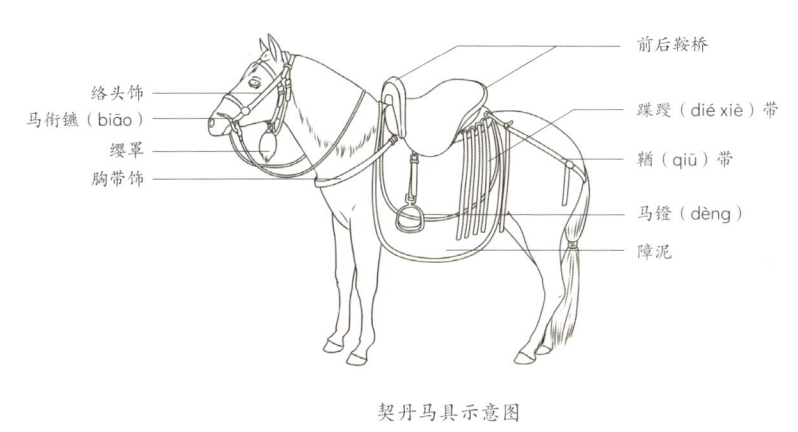

- 络头饰
- 马衔镳（biāo）
- 缨罩
- 胸带饰
- 前后鞍桥
- 䪌䪖（dié xiè）带
- 鞦（qiū）带
- 马镫（dèng）
- 障泥

银鞍助阵万里行

鎏金银錾（zàn）花马鞍桥包片

辽代
前桥，最宽37cm　高29cm
后桥，最宽36cm　高30cm
辽宁朝阳北票西官营镇韩杖子辽墓出土

前

后

　　契丹人是马背上的民族，他们精于马术，射技超群，非常重视各类马具的制作。契丹鞍具的样式在五代时期已经风靡中原，号称"契丹样"，因制作精美，装饰华丽，成为当时互相赠送礼物的选择，中原之人皆以其精美华丽而纷纷效仿。据宋太平老人所撰的《袖中锦》记载："契丹鞍、夏国剑……皆天下第一，他处虽效之，终不及。"

　　此马鞍桥包片一副两件，呈拱形。前桥包片上錾刻鎏金二龙戏珠纹饰。后桥包片拱形梁中央錾一鎏金飞龙纹，飞龙左右两侧各对称錾火焰珠、摩羯鱼纹。两鞍桥包片主题纹饰下均衬以海水纹，边缘錾刻鎏金忍冬纹。

　　这副马鞍桥包片做工精细，纹饰生动传神，与辽墓出土的大量马具共同体现了辽代马具的高超工艺。

古代辽宁　071

海棠绽放自西来

辽三彩印花花蝶纹海棠盘

辽代

长30.1cm　宽17.9cm　高2.1cm

辽宁沈阳新民巴图营子辽墓出土

　　三彩瓷是辽瓷中最华丽的部分，主要釉色为黄、绿、白三种相间。它源于唐三彩，出现在辽代晚期，胎质一般较疏松，不如唐三彩致密。

　　海棠盘是这一器类中的特有形制，它的出现是受波斯金银盘的影响，纹饰制作主要是印花间用贴塑，纹样多花草虫鱼，特别以牡丹、莲花、蜂、蝶为多见。其主要用作随葬用的明器，是我国陶瓷艺术宝库中的瑰宝之一。

案头添水第五宝

青瓷飞鱼形水盂（yú）

五代

长14cm　宽7.3cm　底径4.4cm　高9.3cm

辽宁朝阳北票北四家子水泉辽墓出土

　　水盂又称水丞、砚滴，在古代则直呼为"水注"。其主要作用是给砚池添水，最早出现在秦汉，为文房四宝之外的文具，常被称为"第五宝"。

　　这件水盂胎质细腻坚硬，内外满施润泽晶莹的青釉，采用浮雕工艺，鱼鳞和羽翼雕刻逼真，活泼生动。器内隔成前后两室。

　　此器是五代时期耀州窑的精品，出土于辽墓，是当时契丹与中原地区经贸与文化交流的实物见证。

缂（kè）金龙纹尸衾（qīn）

辽代
残长95cm　宽60cm
辽宁沈阳法库叶茂台7号辽墓出土

　　尸衾就是覆盖尸体的夹被。
　　缂金技术源自缂丝，是一种采用"通经断纬"（以本色生丝为经，各色彩丝为纬）的方法将丝线织成正反面花纹与色彩完全相同的手工艺，有"一寸缂丝一寸金"之说，存世精品极为稀少。
　　缂丝源于埃及缂麻技术，经希腊、罗马东传，北宋时期缂丝技术进一步发展，南宋时发展到顶峰。辽时缂丝技术传入北方，形成具有北方草原民族特色的缂丝制品。
　　此件尸衾全长约两米，赫黄色丝地，大面积金线缂织，绘有山龙、火珠纹等图案，作为缂金织物的珍贵实物而有着极高的价值。

织成锦绣似烟霞

漆木双陆棋

辽代

木板，长52.8cm 宽25.7cm 高1.6cm

棋子，高4.6cm

辽宁沈阳法库叶茂台7号辽墓出土

"双陆"是中国古代盛行的一种博戏，又名十五子棋。相传是在由印度传入的波罗塞戏基础上，由曹魏时期的曹植糅（róu）合六博的特点创设的，从隋唐至金元兴盛不衰，深得帝王公卿的喜爱。

在唐代宫廷中，双陆棋火爆到不论玩什么游戏运动项目，必要以双陆棋收尾。唐代诗人在《宫词》中写道："分朋闲坐赌樱桃，收却投壶玉腕劳。各把沉香双陆子，局中斗累阿谁高。"

该双陆棋具由1块双陆板和30枚双陆子组成，木板的两个长边各有一排12个"梁"标，左右各六，故名"双陆"。这是目前中国出土唯一完整的古代双陆实物。

盘上博弈斗谁高

古代辽宁

草原之路通远方

银釦（kòu）玻璃方盘

辽代

宽9.8cm　高2cm

辽宁沈阳法库叶茂台7号辽墓出土

  辽朝的玻璃器皿多产自伊斯兰国家，通过草原丝绸之路传入辽境。辽与阿拉伯、波斯、高昌回鹘（hú）等通过直接或间接的贸易交往、文化交流以及相互联姻，保持着沟通。

  此银釦玻璃方盘为磨花玻璃制品。色调深沉，形体厚重。盘面磨光，下面有四个锥形足。四周有裂痕，外缘镶有银釦，盘面有银釦，可知主人极珍爱此物。出土时盘上置双玻璃杯，似曾作为酒杯之托盏。此器可能来自古代中亚，极为罕见。

琥珀西来忆流年

琥珀饰件

辽代
左，长8.6cm　宽6.8cm　高2.4cm
右，长9.4cm　宽7.1cm　高2.9cm
辽宁沈阳新民巴图营子辽墓出土

　　辽朝的琥珀饰品主要来源于西亚，反映了契丹人对周边国家文化的吸收。

　　辽代琥珀饰品按用途可分为装饰品、佛教用品、丧葬用品等；装饰题材涉及动植物、异兽、人物等。原料可能来源于盛产琥珀的波罗的海沿岸，经草原丝绸之路，由西亚、中亚商人传到辽朝境内，从中可见辽代与西域各族的文化、商贸往来。

　　此琥珀饰件，一件为荷叶式，暗红色，透明，光泽很强，侧面贯穿一孔；一件为覆叶式，阔叶状，一面凸起，上雕一叶形花纹，下覆重叶，两端有穿孔，背面雕阳刻"心"形纹。琥珀是地质历史上的树脂经过石化作用的产物，被称为"树脂化石"。这两件琥珀饰均以血珀雕成，十分珍贵。

伏听

辽代
左，长61cm　高16.5cm　宽30cm
右，长61.5cm　高17cm　宽30cm
辽宁朝阳孙家湾辽墓出土

伏听为一种殉葬俑，俑伏身地下做谛听状，唐宋墓中即已出现，属压胜性质的神煞类明器。

辽宁朝阳唐墓中出土了十二生肖俑、伏听、墓龙等神煞俑，源自长安地区的十二生肖俑一般多出现在军事系统官员或内侍人员的墓中，墓主为五品以上官吏，这一切都暗示了墓主可能是具有一定军事身份的五品以上官员，在玄宗时期驻守营州要地。

根据《大汉原陵秘葬经》中记载，不管是天子墓还是庶人墓，都放置仰观、伏听，在辽墓中放置伏听的比较少见。这两件伏听的出土，为研究辽代葬仪制度及古代墓葬中"明器神煞"的沿革变化提供了重要材料。

伏身且听马蹄声

谦谦有礼伴君侧

作叉手礼的契丹人形象壁画临摹图
（阜新市关山萧氏族墓5号墓）

石叉手俑
辽代
左，宽33cm　高71cm
右，宽33cm　高65cm
辽宁朝阳孙家湾辽墓出土

　　这对石叉手俑一男一女，女的梳双髻，高领对襟，腰间束有腰带，内套裙裾，双手交叠于胸前，看上去端庄大气。男的梳高髻，身着带五瓣花印记的长袍，束腰带，双手交叠于腹部。二者行礼方式都是以左手紧握右手的拇指，左手的小指向右手腕，右手的四根手指伸直，左手大拇指向上。

　　叉手礼是宋、辽、金、元时期流行的一种行礼方式，最早见于唐代。宋人《事林广记》载"凡叉手之法，以左手紧把右手拇指，其左手小指则向右手腕，右手四指皆直，以左手大指向上。如以右手掩其胸，手不可太着胸，须令稍去二三寸，方为叉手法也"。这种叉手礼在辽代壁画中颇为多见，有学者认为此俗源于契丹。

古代辽宁　079

男儿起舞亦妖娆

玉石透雕飞天

辽代
长4.7cm　宽3.5cm
辽宁喀左白塔子北岭1号辽墓出土

　　飞天为佛家语，是佛教中天帝司乐之神，又称香神、乐神、香音神。
　　这两件飞天为白玉质，形体一致，面作男相。以驾云飞翔的飞天形象作耳饰极为罕见，而将头发延长作为系耳之钩，构思奇绝，说明玉工设计思想的活跃和大胆。其制作玲珑剔透，在小于豆粒的面容部分，做到眉目传神，笑态可掬。飞天以阴线琢（zhuó）制细节，五官清晰细腻，发丝缕缕可见，裙裾线条确切，帔（pèi）帛细线装饰。

金塔

辽代

高25.5cm

辽宁阜新红帽子辽塔地宫出土

　　金塔以金片分段做成须弥座、塔身、塔檐、顶刹部分，再套合而成。塔身用一金片卷成圆筒形，錾（zàn）出一壶门状的高龛（kān）作为正面，周围满錾文字。自龛的右侧起读，依次记佛家偈（jì）语、造塔愿文与《法舍利真言》，绕塔身一周。出土时内有金链竹节玉盒，盒内盛舍利子，金塔又装在较大的银塔之内，盖三件共为一组舍利贮器，为造塔者所供养。

虔诚供养金灵塔

小知识：佛陀之光

　　契丹人最初信奉崇尚自然的萨满教，之后逐渐信奉儒释道三教，并以佛教为主、儒教为用、道教为辅，佛教尤以圣宗、兴宗、道宗时期为盛，佛寺、佛塔遍布境内。佛教建筑继承唐代粗犷豪放的风格，又体现出草原民族的艺术特色，主要有四方三进式的佛寺和八角实心的密檐塔。辽宁境内至今保存有辽代著名寺院奉国寺和诸多的佛塔，出土了大量的造像、佛画、刻经和法器等佛教艺术珍品。

第二单元
金戈铁马 女真建国

兴起于松花江流域的女真族，在其首领完颜阿骨打的带领下，于公元1115年建立"大金"国，定都上京会宁府（今哈尔滨阿城）。后灭辽破北宋。1153年，海陵王迁都燕京（今北京），定名中都。1214年，金宣宗因受蒙古人所迫而迁都南京（今开封）。1234年，金朝灭亡。金朝统治时期，长期居住在辽宁大地上的女真、契丹、渤海、汉等民族成员，均为本地区的经济发展、文化繁荣做出了各自的贡献，同时也促进了辽宁地区的民族融合。

大金制印延辽宋

"东京路按察司之印"铜印

金代
长6.39cm 宽6.39cm 高6cm
辽宁丹东凤城边门镇出土

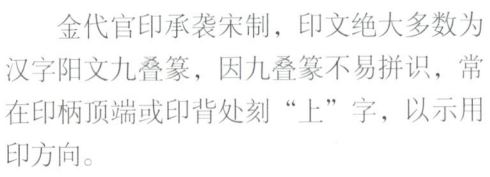

金代官印承袭宋制，印文绝大多数为汉字阳文九叠篆，因九叠篆不易拼识，常在印柄顶端或印背处刻"上"字，以示用印方向。

此方官印，印面凿刻九叠篆阳文"东京路按察司之印"三行八字，印背右边刻"崇庆二年三月"，左边刻"礼部造"，印边前侧刻"东京路按察司之印"——印证了金代在行政建置上对辽宋的沿袭，也符合金代官印的惯例做法。

卤簿（lǔ bù）钟

北宋
下围长256cm　通高184cm

江山蒙尘社稷消

卤簿，是古代国家君主重大国事活动上的典章制度，是集仪仗队、军乐团、舞蹈表演、车辆服务、交通安全、治安保卫等整体规模的成文制度，代表着一国的体面和尊严。

此钟是北宋徽宗宣和年间（1119—1125年）铸造的"人君所用之物"。钟体高大雄浑，下缘为八波曲状钟脚。通体满铸"卤簿仪仗"纹饰，故名为"卤簿钟"。

此钟青铜质，形体正圆，钟顶为半球形，钟钮为透雕两条相对的坐龙，争夺一颗火焰珠。整个大钟由五道三弦纹线分隔成上下六个层区，第一至第五层，有卤簿仪仗及"宫卫"共180个人物，有横绕钟身的山水纹饰带，有溪水、桥梁、小舟、屋宇、人物等；第六层区钟口下缘为八波曲状的钟脚，沿口缘上部凸铸一周海水江崖纹，在钟脚上方凸铸了八个开光，开光内按八个方向序列凸铸四神（青龙、朱雀、白虎、玄武），与"四神"相间的东南、西南、西北、东北四方凸铸了"四仙"。

靖康元年（1126年）金人南下黄河攻陷汴京（今开封）之后，次年此钟便随宋徽宗、宋钦宗一同被掳往金国，成为徽、钦二帝亡国蒙尘的见证。1961年由沈阳故宫博物院拨交辽宁省博物馆收藏。

白地黑花葫芦形倒流壶

金代

高28.4cm

辽宁阜新彰武白台沟水库出土

倒流壶，即"倒着流水的壶"，是始于春秋时期，流行于唐宋，完善于明清的壶式之一。

此壶胎呈淡黄色，施白釉。器身呈亚腰葫芦形，龙形壶把，流与腹连接处塑一小人骑于流上。上腹绘九个小黑点组成的菱形花纹数朵，龙柄和小人亦点施黑彩，下腹刻覆瓣仰莲纹，并施倒置的三角形黑彩，颇具磁州窑系风格。

时光不老水倒流

"正隆五年"白瓷买地券

金代

宽26cm 高41cm

辽宁辽阳江官屯窑址出土

买地券，又称地券、幽契，是古代以地契形式给亡者在阴间买下栖身之所的凭证，多置于墓内。从神灵那里买来土地，用"青龙、白虎、朱雀、玄武"说明土地的四至，确立墓主对地的所有权，不受鬼神侵犯。此券的出土说明金代曾设"瓷窑务"督管江官屯窑的生产，可以证史、补史，更显珍贵。

此券板略呈圭形，下端两侧内截，置于酱釉虎形底座内。

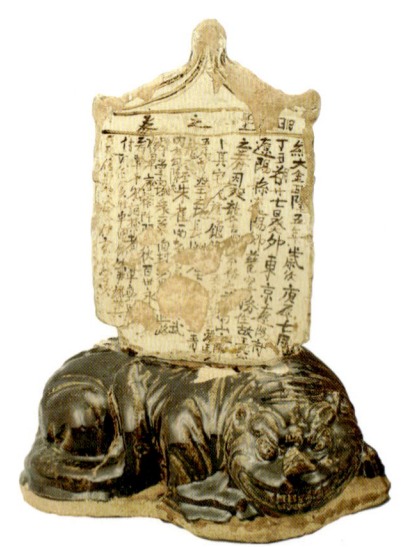

阴间购地有幽契

折枝嗅梅望天青

钧窑梅瓶

金代

口径5.7cm　底径10.6cm　高39.7cm

辽宁朝阳建平县黑水镇出土

　　梅瓶是传统名瓷,是一种小口、短颈、丰肩、瘦底、圈足的瓶式,以口小只能插梅枝而得名。

　　钧窑是中国古代著名瓷窑。其瓷器历来被人们称为"国之瑰宝",在宋代五大名窑中以"釉具五色,艳丽绝伦"而独树一帜。

　　此瓶器表施天蓝色釉,施釉厚重,足部露胎处流釉明显,堆积如脂。器型修长秀美,釉层肥厚莹润,釉色淡雅清新,开片自然,具有典型的金代钧窑瓷器风格,有官窑气度。

元明清时期

1206—1911年

第一单元
划省而治 蒙元一统

　　元朝是中国历史上第一个由少数民族——蒙古族为主体建立的大一统帝国。蒙古族以其特有的进取精神推进了中国历史疆域的形成与中华民族族体镕铸的新进程。辽宁地区虽饱受战争的创伤，但在元政府劝农政策的推动下，通过辽阳行省的管辖，以及各族人民的共同努力，农耕、商贸及手工业等经济逐渐恢复和发展。疆域的扩大和驿站的开辟，加速了民族的融合与交流，使得辽宁地区的文化展现出独特风采。

小知识：辽阳行省

　　元朝政府在全国共设11个行省，其中与辽宁有关的辽阳行省在元初曾几设几废，直至至元二十四年（1287年）才得以确立。辽阳行省管辖七路二道一府，辖区包括今东北三省和内蒙古一部及外兴安岭以南广大地区。四通八达的驿站的建立，将省内各地与中原内地紧密联系起来，从而加强了边疆政治、经济和军事建设。元代的辽宁仍是重要的农业生产区，驿路的畅通带来商贸的繁荣，铜、铁权的出土见证了元代度量衡制度，元代陶瓷在对外贸易中占有重要地位。

古代辽宁　087

八思巴文"沈阳等处军民屯田使司分司印"铜印

元代
印面长8.3cm 宽8.3cm 高9.6cm
辽宁阜新塔营子元懿（yì）州城址出土

该铜印梯形板状钮，方形印面，印文为八思巴文，印背刻款分别为"沈阳等处军民屯田使司分司印""中书礼部造 至正十七年五月 日"。

元灭于1368年，这枚至正十七年（1357年）造的屯田印说明，直到元末，辽宁地区仍存在管理屯田的官方机构，其仍是东北建设和管理较好的农耕屯垦区域之一。

八思巴文，世称"八思巴蒙古新字"，是元朝忽必烈时期由国师八思巴创制的蒙古文字，它的创制，推进了蒙古社会的文明进程。

经天纬地铜印定

"至正六年"铜权／"至元廿五年"铜权

元代
上，高8.5cm
下，高6.1cm
辽宁阜新塔营子出土

在古代，秤砣称"权"，秤杆则称"衡"，合起来便是"权衡"二字，作为国家法定的计量工具，又引申出"权力""法度""维持平衡"等含义。

此二铜权为元代纪年铜权，椭圆形制，上部为倒梯形钮，中间有一个圆孔，腹部为上大下小的圆柱体，腹下为圆形台阶式底座。

权衡相制有公平

088 辽宁省博物馆

高丽镶嵌青瓷碗

元代

左，口径20.2cm　底径6.5cm　高9.5cm

右，口径19.5cm　底径7.2cm　高6.8cm

辽宁沈阳小南门元墓出土

　　高丽青瓷，通常是指朝鲜半岛在高丽王朝（918—1392年）统治时期所生产的青瓷，大约产生于9世纪末或10世纪初。前期生产的翡色青瓷，质量较高，但其纹样及造型大都仿效中国宋瓷风格。从12世纪上半叶开始，高丽逐渐生产出独具民族风格的镶嵌青瓷，即在青瓷釉下有黑白两色作装饰的镶嵌图纹。辽宁多地出土的高丽青瓷，造型浑厚、古朴，线条柔和圆润，是当时两国交往密切的历史见证。

　　这两件碗，一件内壁嵌饰五组草莓纹，辅以菊花及卷草窝叶纹；另一件主题纹饰为菊花纹，釉色青翠，制作规整。

　　此种镶嵌工艺是在成型的坯上用刻有纹饰的模具捺（nà）于胎上，或用木、竹、铁等工具刻划约2毫米深的凹槽，根据图案需要填涂白色或黑色的化妆土，经修胎后施以青釉，入窑烧制。其花纹装饰之处，有轻微的凹凸不平，体现花纹的立体感。

菊花卷草翡翠青

龙凤嬉戏水云间

白地黑花龙凤纹罐

元代

口径18.3cm　底径12cm　高31.5cm

辽宁葫芦岛绥中县元代沉船出水

  此龙凤纹罐，圆口，直颈，圆肩，深腹内收，矮圈足。口部和足底素面，颈部有花朵和缠枝纹，腹部为主体纹饰，呈现龙凤图案。腹部一面绘龙纹，龙张口，露巨齿，眼方形，头长角，发后披，躯干弯曲，肢体粗壮，腾跃于波涛之中；另一面绘凤纹，凤凰昂首，挺身，展翅，羽毛舒展，线条深刻，历历可数。涡纹、云纹填充其间，令画面繁复满溢。

  此罐白地黑彩，手工刻花，粗犷豪放，线条明快，具有典型的磁州窑风格。

小知识：绥中元代沉船

  1991年7月，辽宁省葫芦岛绥中县渔民在出海打鱼的过程中，无意打捞出一批古代瓷器，绥中县文物管理所闻讯后征集其中的585件瓷器，有白釉、白釉褐花、黑釉等类，碗、罐、瓶、盆、碟等器，初步推定为元代磁州窑的产品。如此大数量的磁州窑瓷器通过海路向北方地区运输，说明元代的商品流通业已非常发达，磁州窑的生产技术、产品销售的辐射范围已相当广泛。绥中元代沉船的水下考古发现，有助于我们更好地了解元代的造船工艺、海运活动、商贸往来、陶瓷文化以及当时的社会生活风貌。

第二单元
关东风雨 大明气象

随着明朝的建立，辽宁结束了自辽金元以来游牧、渔猎民族统治达四百余年的历史，重新纳入以汉人为主体的大一统政权之下。对辽宁而言，这是一个边患日甚却又相对安宁的时期。塞外蒙古、女真势力的威胁，促使明朝的军事重心逐渐向东北转移。明政府通过"筑城关、辟马市"等措施，使辽宁成为中央政府抵御北方民族南进的重要屏障和控制东北亚地区的经略中心。经过两百多年的经营开发，辽宁地区呈现出政治稳定、经济发展、宗教兴旺、文化多元的局面，为女真的再次兴起奠定了基础。

无敌手铳枪之祖

永乐七年铜火铳（chòng）

明代

长35.2cm 口径2.9cm 腹径5.3cm

辽宁辽阳小南门外护城河内出土

火铳是古代第一代金属管状射击火器，以铜和铁铸造，至迟出现于元代，后普遍用于海战和陆战，有单管、多管手铳和大口径碗口铳等，后来发展成为枪。

此件火铳，为明代兵器，黄铜铸造。由前膛、药室和尾銎

古代辽宁 091

（qióng）三部分组成。铳筒呈竹节状，有三点一线瞄准星；药膛上亦有药槽。其属于"手把铜铳"，也称"无敌手铳"，即用手把持使用。使用时安装桩、托等装置，在铳体内装上火药，用铁砂封团，点燃由药室引出的药线，引燃药室内的火药，借助火药燃气的爆发力将预装入前膛内的铁弹射出，杀伤力很大。

义州卫守军铜令牌

明代
直径14cm 厚0.4cm
辽宁锦州义县头道河乡马三沟村河套出土

一道令牌传三军

此令牌，紫铜范铸。圆形，上边手柄略呈三角形，中间有系孔。牌正面周边饰回纹。中部阳刻汉字楷书"令"字，左侧竖刻阳文"洪武二十三年（1390年）造"，右下方竖刻阴文"义字九号"。牌背面回纹边饰内，阳刻两行篆字"夜禁严肃巡缉奸邪"，手柄正背面周边饰连续半圆弧花边，孔两侧阳刻"义州"二字。此牌为明初义州置卫后，朝廷发给义州守军的凭证。

雷公炸裂胜顽敌

酱釉瓷雷

明代
宽17cm 高12.3cm
辽宁铁岭大甸子镇英树沟村遗址出土

瓷雷是明代一种投掷式炸弹。此件瓷雷，外壳为陶质。球状，直口，圆腹，小平底，表面遍布乳突状刺，呈环状交错排列，从外观上看犹如蒺藜（jí lí）。瓷雷内装火药，由孔中装入引线，使用时铁线沿城墙吊下，到达目标时爆炸，爆炸后的碎片四散杀敌。

092 辽宁省博物馆

环铃震响唱女真

小知识：东北通衢（qú）

洪武中叶，明政府实行"寓兵于农"政策，大兴军屯，促进了辽宁农业的恢复和发展。辽东防御体系建立后，大批戍边官兵聚集于此，巨大的物质需求带动了冶铁、烧瓷、制盐等手工业生产的繁荣。辽宁是明政府同蒙古、女真、朝鲜贸易的主要地区，沿边广设马市或木市，商品交流广泛。在白山黑水、沙漠草原与中原内地之间，海陆运输网络密集，四通八达，奠定了辽宁东北亚地区交通枢纽的地位。

链式铜坠饰

明代
大铜链式坠饰，长30cm　宽4.5cm
小铜链式坠饰，长8cm　宽3.5cm
辽宁铁岭银州区喜庄子墓出土

　　喜庄子明墓为明代内附女真人墓葬，墓中出土了四件组合坠饰，虽做工笨拙，但造型灵巧，为典型的靺鞨（mò hé）——女真系组合坠饰，为女真萨满教法器，具有鲜明的时代和民族特色。

　　这组铜链式坠饰可组成大小各两套。大坠饰由透雕牌饰和两组链环及坠铃组成。链环、牌饰、小铃间活动自如，摇摆有声。

古代辽宁　093

永乐款青花赤壁赋碗

明代
口径6.5cm　底径6.9cm　高7cm
辽宁丹东东港孤山镇大鹿岛海域沉船出水

　　此碗外侧面绘人物游船图并书苏东坡夜游赤壁时所作怀古名篇《赤壁赋》文，内侧面有两圈缠枝纹，内侧底书"永乐年制"款。该赤壁赋碗应制作于明末清初（万历至康熙年间），"永乐年制"为伪款。

　　此类赤壁赋碗多数产于江西景德镇，少量可能来自安徽、江西、浙江等地的民窑，属于普通人日常饮食起居所用瓷器，并且是一类常见的外销瓷。从其出水的位置来看，大鹿岛海域正处在从东南沿海北上辽东并远播朝鲜、日本的东北亚海上丝绸之路上。

海上之路青花绽

青花荷塘水禽纹盖罐

明代
高53cm
辽宁抚顺章党镇八宝沟村出土

　　此罐有盖，器形敦厚朴拙，釉色白中泛青，肥润如脂，胎质细腻紧致，球形钮已残，现为后配。全器以釉下青花作装饰，盖、器身皆绘荷塘水禽纹。青花色调淡雅，纹饰清晰，画意浓郁，为明代青花瓷之佳品。

荷塘禽鸟绘诗篇

094　辽宁省博物馆

第三单元
紫气东来 清皇祖地

　　明朝末年，建州女真在辽宁东部山区不断发展壮大，拉开了明清鼎革的序幕。女真杰出首领努尔哈赤及其继承者皇太极，经过五十余年的奋战，由辽左一隅，长驱西进，开创出大清王朝300年基业。康雍乾时期，清政府灭南明、平三藩、收台湾、定新疆，成功抵制沙俄的入侵，迎来了2000多年封建社会最后的辉煌——康乾盛世。作为清朝的"龙兴之地"，有清一代，辽宁的政治、经济、文化全面发展，繁荣富庶程度远超前代。康熙、乾隆等皇帝先后数次东巡祭祖，其间，盛京城又几经重修扩建，更加雄伟壮观，彰显陪都的繁华与皇家气派。

石蓝缎地绣五爪金龙袍

清代
长139cm

五彩云龙集一身

　　清代皇帝的龙袍属于吉服，比朝服、衮服等礼服略次一等，是皇帝在重大吉庆节日、筵宴以及祭祀活动时穿着的服饰。清代龙袍以明黄色为主，龙袍上不仅有专属的龙纹，还绣有五彩云纹、蝙蝠纹、十二章等吉祥图案。

　　这件龙袍石蓝缎地，领、袖边缘绣金线，肩、前后心正龙各一，襟有行龙四，间以五彩云蝠八宝纹，下摆加立水纹，集织绣工艺之大成，反映了集权社会的正统审美取向。

古代辽宁　095

八旗礼服甲胄（zhòu）

清代
盔，高56.3cm
战衣，长73cm　宽75cm
战裙，长80cm　宽52cm

　　八旗制度的创制始于努尔哈赤。明万历二十九年（1601年），努尔哈赤在"牛录制"的基础上，正式建立了"旗制"，开始以黄、白、红、蓝四种颜色，作为新建立的各旗的旗制标志。女真社会的所有男丁都被编入旗籍，形成了"以旗统人"的军政合一的制度。明万历三十四年（1606年），在原有的四色旗帜上，又增加镶黄、镶蓝、镶白、镶红四旗，合在一起称为满洲八旗。

　　清代八旗兵的甲胄多为皮革制成。此种服装是故宫旧藏，供大阅兵时穿用，平时收藏起来。清代除满洲八旗外，还有蒙古八旗和汉军八旗，参加大阅兵的实为24旗。

以旗统人重军功

蓝碧玺朝珠

清代
直径1.8~6.2cm 重640g
辽宁喀左南公营子乡丹巴多尔济墓出土

天地日月珠中串

朝珠源自"念珠",是清朝君臣、命妇穿着朝服或吉服时垂挂于胸前的饰物,同时也是高级官员区分等级的一种标志。由于佩戴者的身份地位不同,朝珠的用料也不尽相同,按制,皇帝戴东珠或珍珠朝珠,皇太后及皇后穿吉服时需挂三串朝珠、一盘东珠、两盘珊瑚,其他王公大臣,除不许用东珠或珍珠朝珠外,任何质料不限,多见有琥珀、蜜蜡、象牙、奇楠等料。

这件朝珠原由108颗蓝碧玺圆珠穿系而成环形封闭状(出土时已有部分珠子遗失),象征着十二月、二十四节气、七十二候。上下左右分成四份,即每27颗蓝碧玺珠间加一颗较大的粉红碧玺圆珠,以示四季。大碧玺"佛头"与葫芦形"佛头塔"衔接,下垂系一黄丝带,中间为铜鎏金点缀托嵌蓝宝石的"背云",寓意"一元复始",带尾端垂一红宝石大坠角,悬挂时垂于颈后;佛头两侧垂系三串小珠,每串贯粉碧玺十颗,底端有坠角,称"纪念",左二右一,表示一月三旬。佩戴时男女不同,以两串在一侧为准,男左女右。

结语

时光荏苒,古代辽宁历史上各路英豪逐鹿中原的硝烟已消散于民族文化的交融之中,他们遗留下的丰富文化遗产,是历史的见证,也是生动的教材。《古代辽宁》生动地展示了这方土地上文明的起源、特色与历史的发展演变,以及各时期不同的历史文化风貌。希望《古代辽宁》能够成为展示、弘扬辽宁历史文化的传播平台,成为"知辽宁、爱辽宁、建家乡"的宣传窗口,让辽宁的悠久历史和特色文化得到更广泛、更深入的播扬。

明清玉器展

　　中国古代玉器艺术发轫（rèn）于新石器时代，历经商周、两汉、唐宋等几个发展高潮，至明清时期达到鼎盛。明清时期玉器沿袭唐宋以来世俗化、生活化的风格并加以发扬，尤其是乾隆时期，因玉料资源充足，玉材质地精良，玉器造型规矩，琢（zhuó）磨精致，集历代之大成，达到了玉器史的巅峰。由于历史的原因，辽宁省博物馆收藏的明清玉器数量多、质量佳、品种全，比较全面地反映了明清时期玉器的基本面貌。本展览从玉材种类、器型种类、装饰技法、使用功能，以及仿古与伪古等多角度对明清玉器进行诠释，希望能够帮助广大观众更好地认识和欣赏明清时期的玉器艺术。

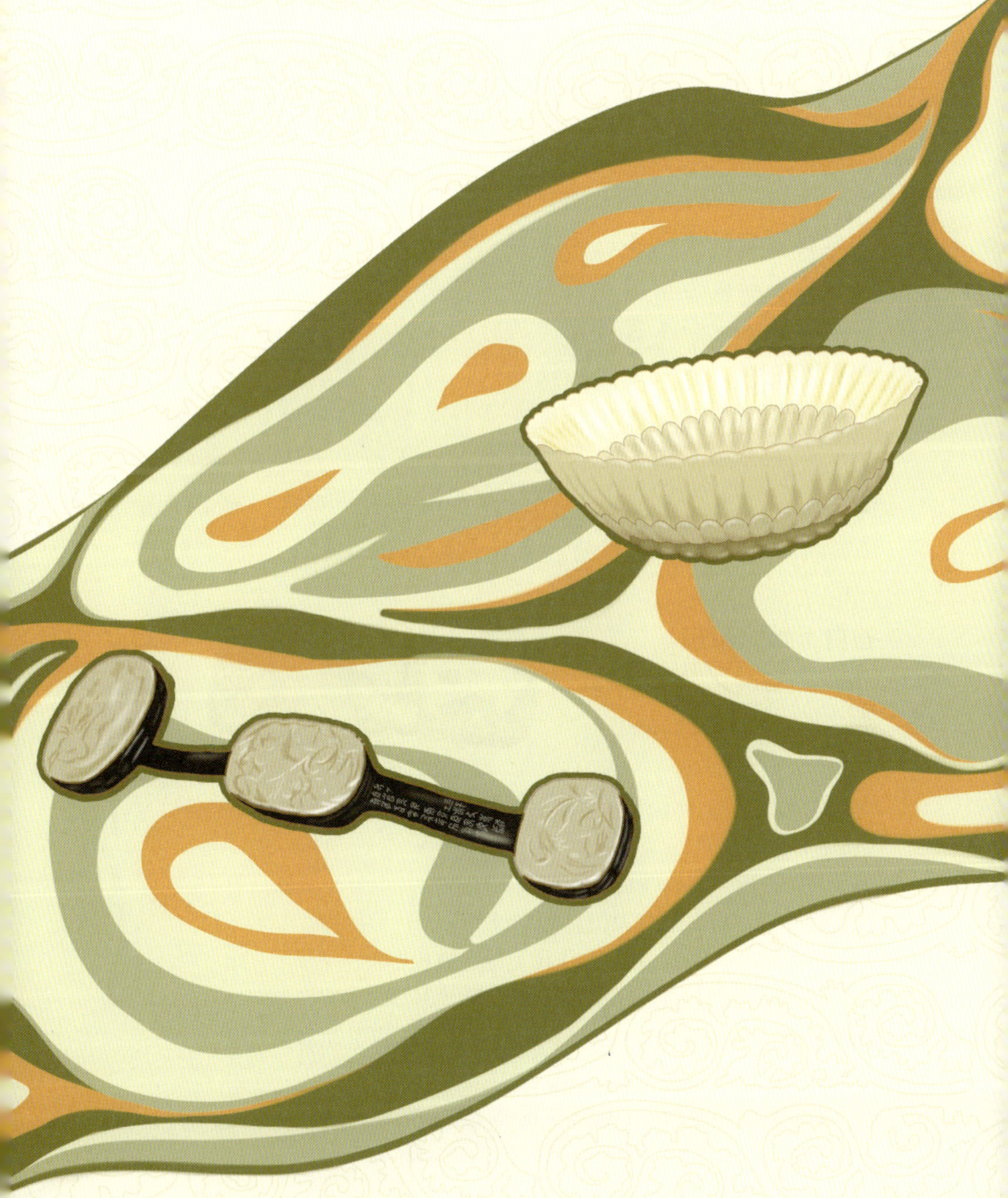

第一单元
明清玉器的主要玉材种类

新石器时代，各地的玉器以就近取材为主；夏商以后新疆和田玉逐渐成为中国古代玉器的主要材料。由于各个朝代在新疆采玉的矿坑和玉器所经历的时间不同，同为和田玉，在视觉上仍有差别：唐宋玉器比较温润，滑熟可爱；明代玉器的玉质较干，多绺（liǔ）裂和杂质；清代玉器则质色纯正，颇有大家之气。清代所见的和田玉按颜色可分为白玉、青玉、碧玉、墨玉、黄玉等品种。同时清代还存在以翡翠、玛瑙、水晶、青金石、绿松石、琥珀、煤精、琉璃等似玉材质充当玉材的情况。

苍白玉螭纹带扣

明代

长9cm　宽4cm　厚2.65cm

龙螭相对方寸间

两牌相扣的玉带扣实物最早见于宋代，元明清时传世不少，一般用于男性的腰带。

这件玉带扣玉料颜色呈灰白色，质地不是很好，干燥且有较多的绺裂，局部还有黑斑，好像被火烧过；形状接近方形，由钩、扣两部分组成，钩、扣上雕刻的是螭虎形象，雕琢工艺比较粗糙，棱角明显，打磨不细致，具有明代玉器的典型特点。

这种玉材在明代比较常见。明代和田玉玉料资源紧张，玉器的材质普遍不太好，工艺也相对粗糙。

螭虎形象是龙和虎的合体，最初主要装饰在兵器上，后来发展到其他小件玉雕和青铜器上，体现的是对英雄的崇拜。

鹤鹿同春春常在

翡翠浮雕鹤鹿同春带饰
清代
长7.4cm　宽6cm　厚1.15cm

　　这件带饰以晶粒明显的绿色翡翠雕琢，表面模仿明清时期竹雕中的留青技法，雕琢松、鹤、鹿图案，即传统的鹤鹿同春题材。图案部分略高出地纹，并细致抛光，明亮光润，如同竹表；地纹部分只是磨平，不加抛光，使翡翠的肌理非常清楚，与抛光部分形成明显的反差，如同竹肌，与留青竹刻有异曲同工之妙。

　　"鹤鹿同春"是汉族传统吉祥纹祥之一，又名"六合同春"。"鹤鹿"为"六合"谐音，"六合"是指天下四方。汉族民间运用谐音的手法，以"鹿"取"六"之音，"鹤"取"合"之音，"春"的寓意则取自花卉、松树、椿树等。这些形象，组合起来构成"六合同春"吉祥图案，祝颂天下皆春，万物欣欣向荣。

第二单元
明清玉器的主要器型种类

中国古代玉器的造型，依其制作的成型技法，大体可以分为片状雕、器皿和圆雕三类。片状雕是通过切割、镂空等技术，制作出各种造型的扁薄体玉器；器皿则是采用掏膛技术，从器口部位将器腹内的玉料掏空，成为可以盛装物品的器具；圆雕是利用整块玉料的形状，稍加修整，制成人物、动物、植物或山形用于陈设或佩戴。明清时期器皿类和圆雕类玉器造型从数量到质量都较以前有较大提升，成为这个时期玉雕水平的标志。

白玉凤纹牌

清代
高5.65cm　宽4.5cm　厚0.5cm

这件玉牌质地优良，形状如同汉字的"亚"字，上端雕刻着精美的如意云纹，云纹中间有一个小穿孔，便于穿绳佩戴。玉牌正面，"亚"字形框内雕刻着一只展翅翘尾的凤鸟，背面中央有个方形印章，内有阴刻朱文四字"龙祥凤瑞"。

阴刻与阳刻是我国传统刻字的两种基本刻制方法，阴刻，是把图案或文字刻成凹形，陷下去的字是阴字，凸出来的字是阳字。

龙祥凤瑞情意长

盛尽典雅与钟情

白玉碗

清代

口径9.43cm 底径4.6cm 高3.6cm

  清代实用的玉器皿种类繁多，器型规矩，切割、掏膛、磨平、抛光技术精湛娴熟，大大超越了前代。其中数量最多的是具有实用价值的碗、盘、杯等饮食器。

  清代玉碗一般为圆体，侈口，深斜腹，小圈足，是玉器皿中数量较多的器型种类。其中清代中期的白玉碗玉质洁白纯净，器型规矩，器胎轻薄，通体打磨细致光滑，具有乾隆工的特征。

小知识：乾隆工

  乾隆工顾名思义就是乾隆时期玉器的工艺，因用料考究，精雕细琢，不惜工本，极富有时代特色而成为一种固定名词的称谓。"乾隆工"的特点就是在用料和制作上不计成本，在工艺上精益求精，尽善尽美。乾隆时期的玉器使中国封建社会玉器工艺达到辉煌，直到现代也是收藏爱好者追捧的对象。

第三单元
明清玉器的基本装饰技法

中国古代玉器的装饰技法主要有阴纹、阳纹、透雕、浅浮雕、高浮雕、巧琢、镶嵌等，但每个时代在具体的运用上又有不同的特点，因此呈现出不同的时代风格。明代玉器在透雕装饰上，沿用宋元时期流行的多重镂雕技法并有所创新，在平面装饰上则效仿唐宋时期盛行的隐起技法。清代玉器纹饰集历代之大成，阴纹、阳纹、透雕、浅浮雕和高浮雕均有应用，并大量运用巧琢和金镶玉、铜镶玉、木镶玉、玉镶宝石、贴金、描金等装饰工艺。

烦冗炫技徒精美

青玉透雕宝相花盘

清代

口径10.6cm 底径7.6cm 高2cm

盘作为器皿，本用于盛放饮食或物品，可这件透雕的玉盘盛水漏水、盛菜洒汤，降低了它的实用功能。这是当时的玉工为了应对激烈的市场竞争而想出的"新样"，是乾隆皇帝所批评的"玉厄（è）"现象之一。

清代中期，乾隆皇帝对玉器情有独钟，也带火了玉器市场，当时的玉工，争相媲美，花样百出，为了迎合某些购买者的要求，出现了"玉厄"现象，让爱玉的乾隆皇帝大为光火。

这种现象大致分三类：题材庸俗型、偷工"增"料型和烦冗炫技型。

这件透雕盘就是烦冗炫技的典型代表，它的器型规矩，胎体较薄，在外口沿阴刻了一周雷纹，器壁透雕一周缠枝番莲纹。清代玉工对透雕技术运用娴熟，不但有大量的片状透雕佩饰，还有透雕花纹的器皿，此件透雕盘即是其一。

精雕细琢饰洛神

《洛神赋》图文玉饰

明代
长9.5cm 宽5.3cm 厚0.9cm

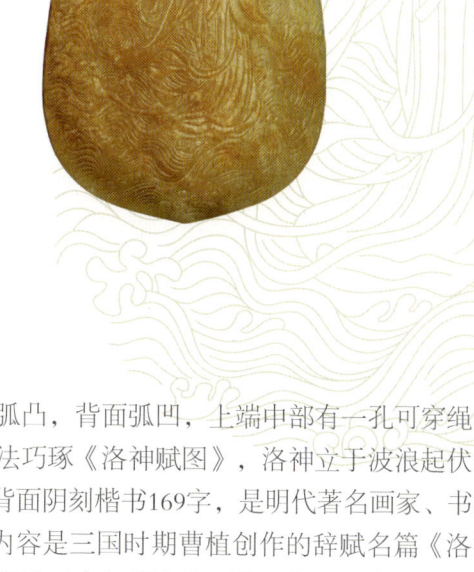

此器的器体似梨形，正面弧凸，背面弧凹，上端中部有一孔可穿绳。正面以薄地阳文式的浅浮雕技法巧琢《洛神赋图》，洛神立于波浪起伏的水上，衣袂飘飘，神态毕现；背面阴刻楷书169字，是明代著名画家、书法家文徵（zhēng）明的楷书，内容是三国时期曹植创作的辞赋名篇《洛神赋》中的一部分，文末落有"嘉靖壬寅长洲文徵明临"款。"嘉靖壬寅"为嘉靖二十一年（1542年）。这件玉饰集精巧玉工、传世名篇和名人书法于一体，是不可多得的佳作。

明清玉器展　105

琳琅满目富贵花

白玉镶宝石嵌饰

清代

长11.27cm 宽10.03cm 厚1.2cm

  委（wō）角原本是明清家具工艺术语，也就是把桌面、几面等的四个直角改为小斜边而成八角形的做法，这种工艺也被用于玉器制作。

  在这件委角方形的白玉片状器上，以各色宝石镶嵌出一株牡丹花图案：以粉色的芙蓉石镶嵌出两朵盛开的牡丹花，以绿色的翡翠镶嵌成叶子，以褐色和淡黄色岫岩玉镶嵌成枝梗，以蓝色的青金石镶嵌成山石，以金星石镶嵌出蝴蝶。

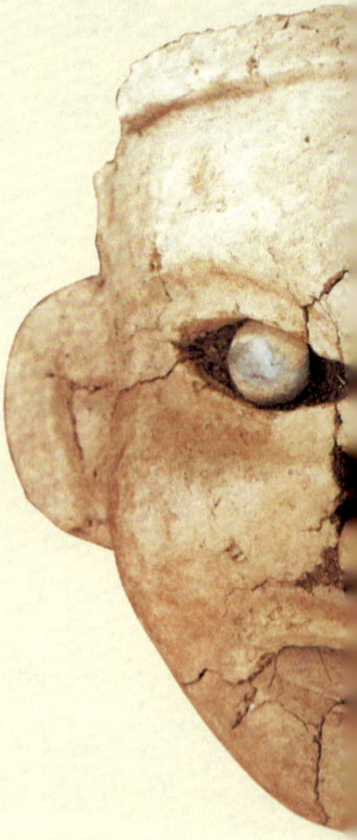

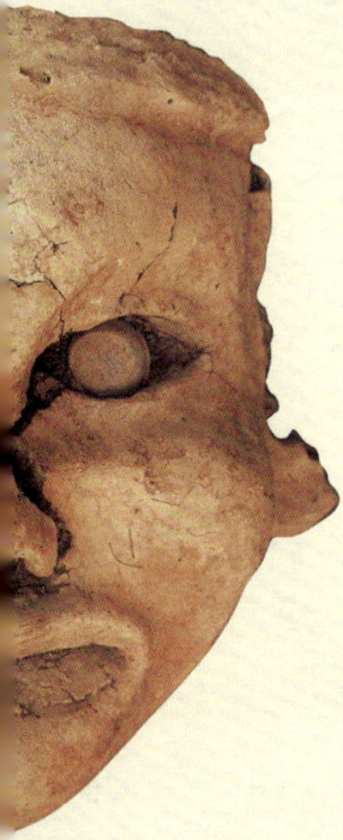

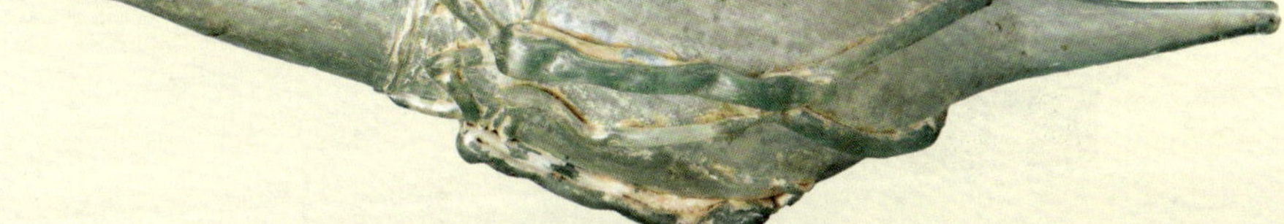

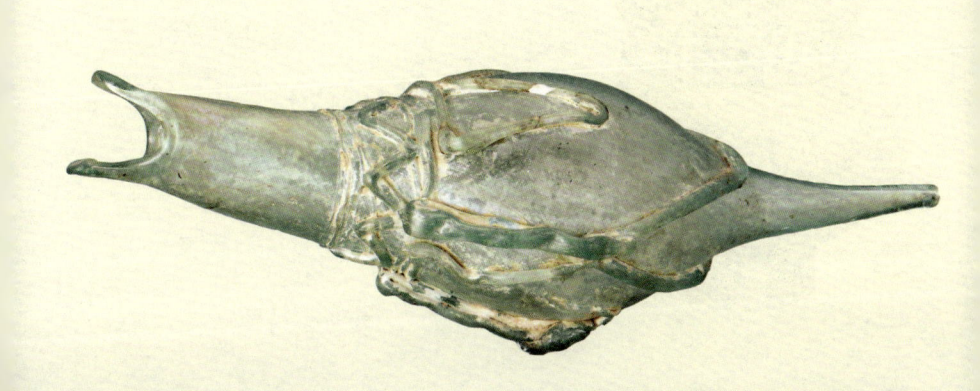

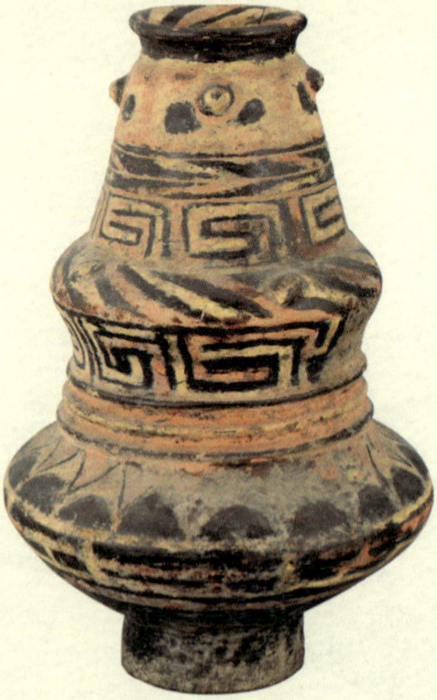

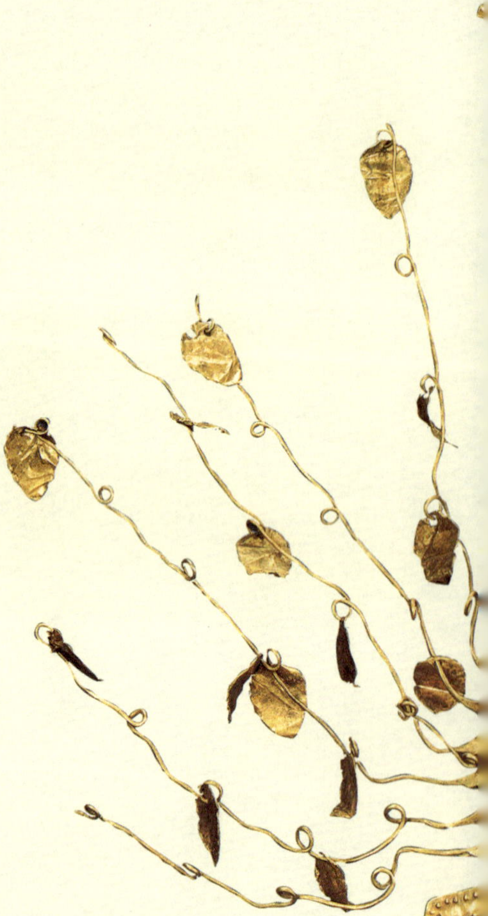

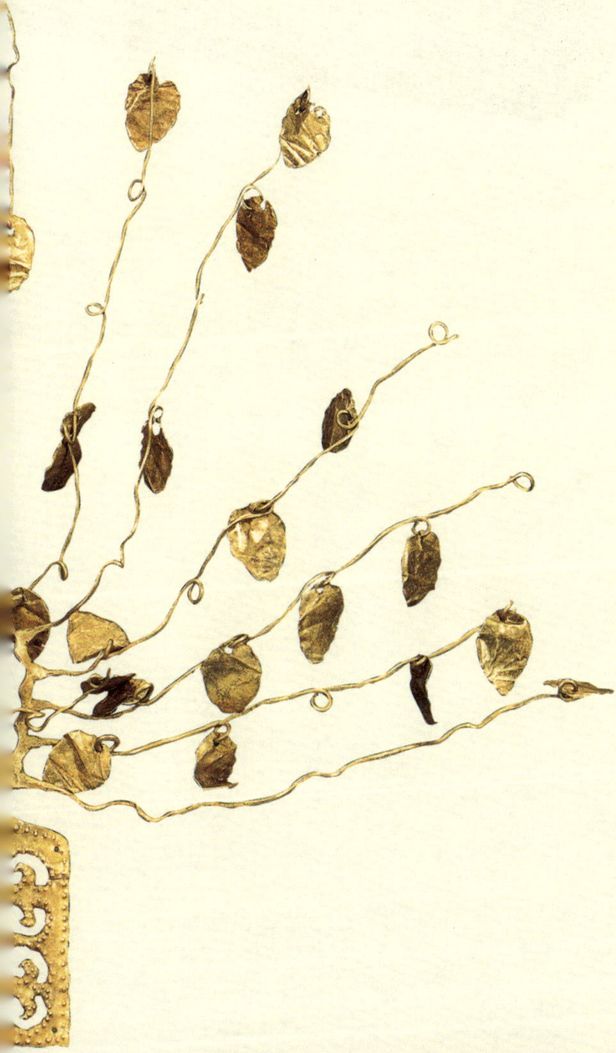

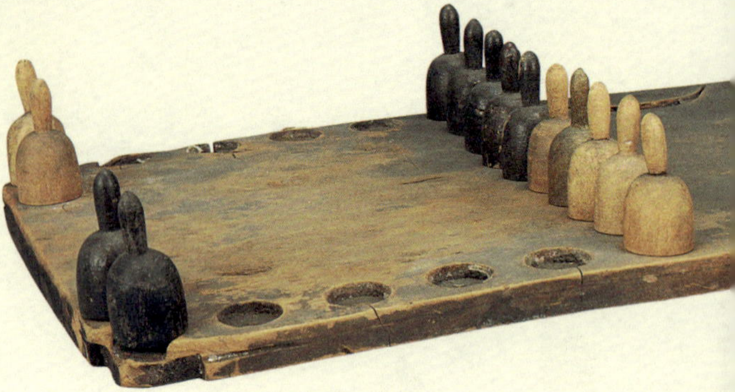

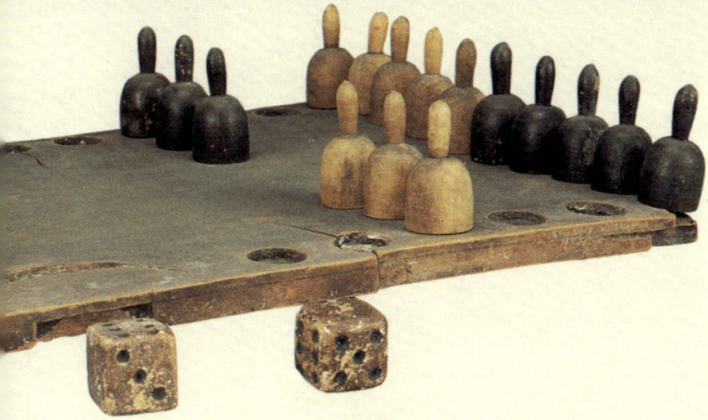

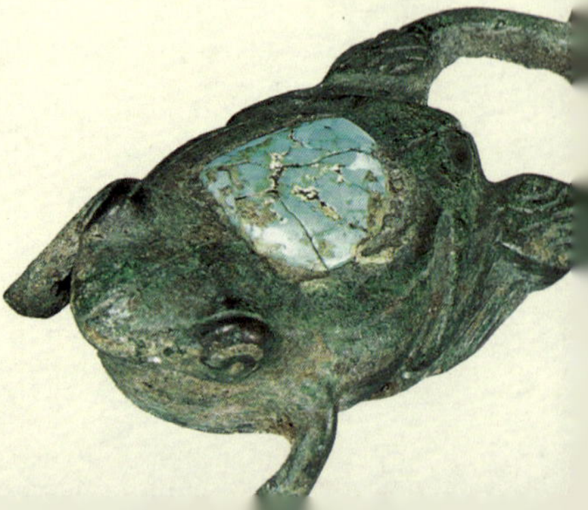

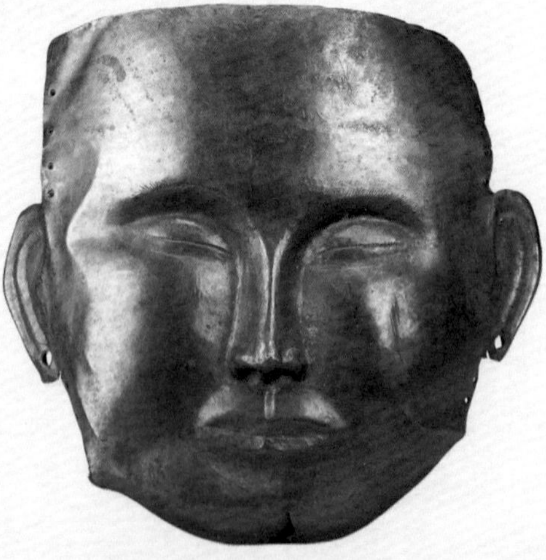

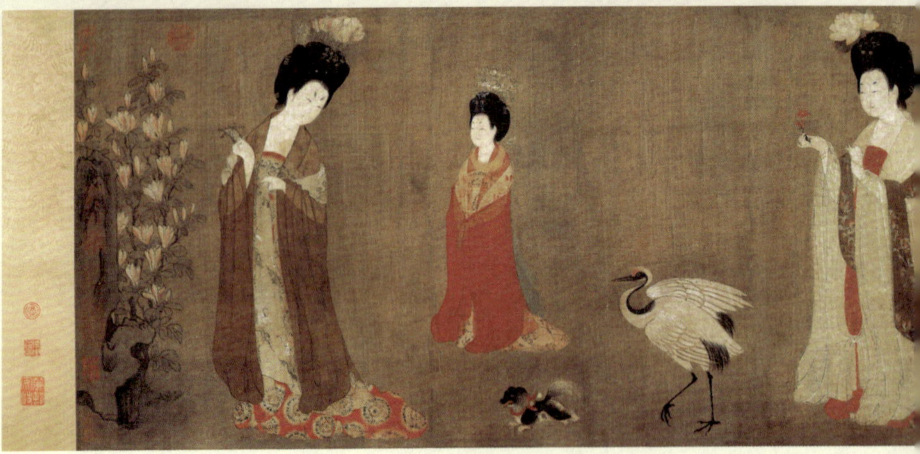

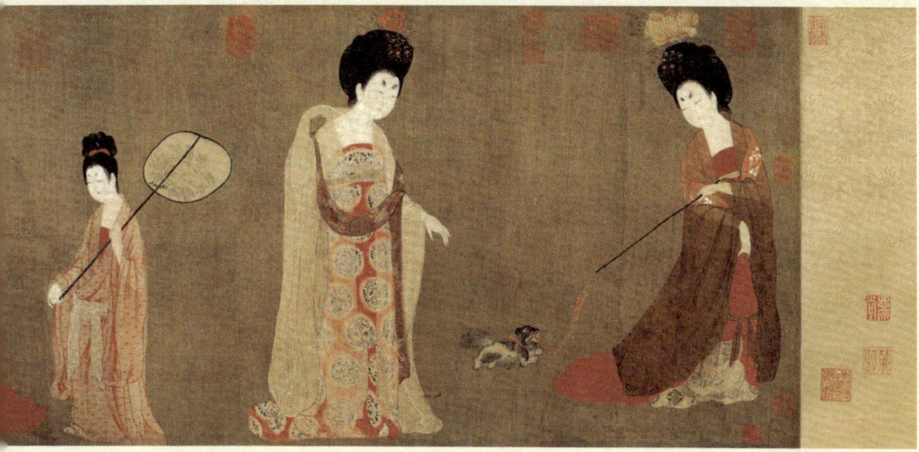

草書手卷（局部）

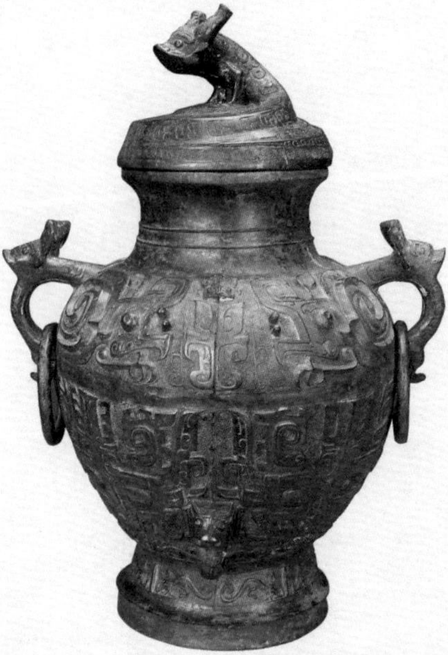

低映端門兔皆仰而視之條有群鶴飛鳴於空中仍有二鶴對止於鴟尾之䃜頗甚閒適餘皆翺翔如應奏節往來都民無不稽首瞻望歎異久之經時不散迤邐歸飛西北隅散䂊兹祥瑞故作詩以紀其實

清曉觚稜拂彩霓仙禽告瑞忽來儀飄飄元是三山侶兩兩還呈千歲姿似覬䣭琱矰摶摶寶閣宣同亦鴛集天池徘徊嘹唳當丹闕故使憧憧庶俗知

御製御畫并書

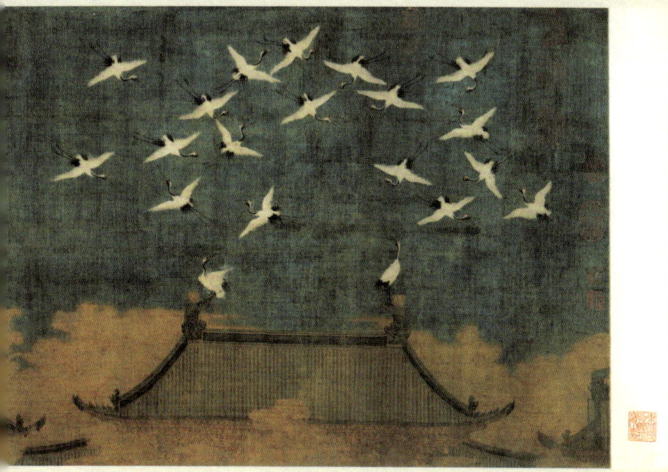

鸞鷟生動每筆墨跡處是神到處
本立意如到國秀排雅煩戲
文孫若親翁道鄰鑑珍

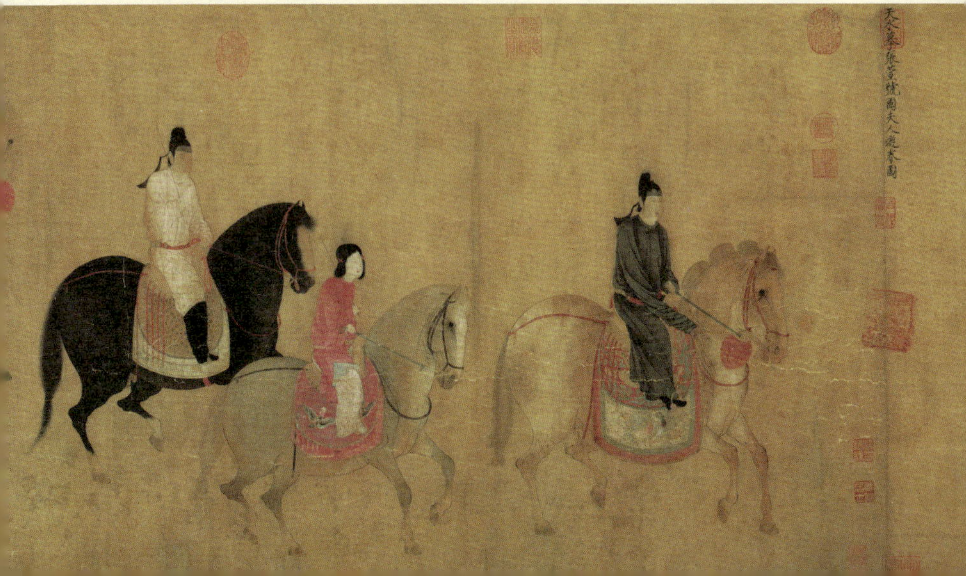
天水摹張萱虢國夫人遊春圖

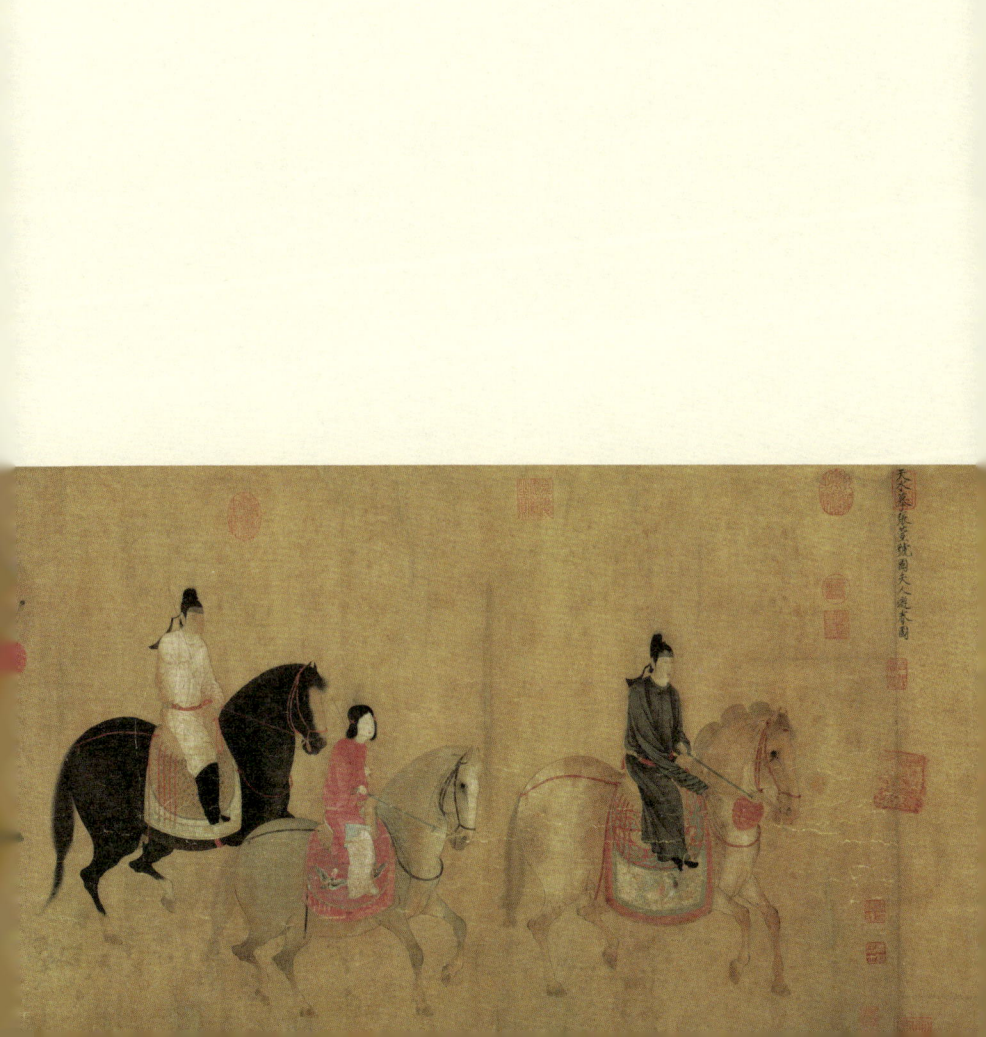

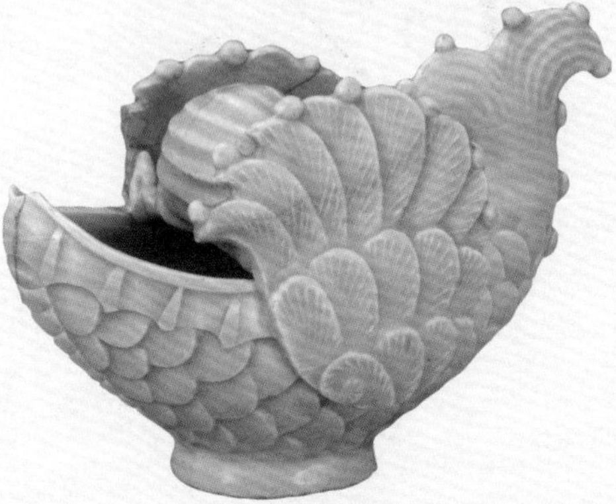

漢印和歌あり

天地元黃宇宙洪荒日月

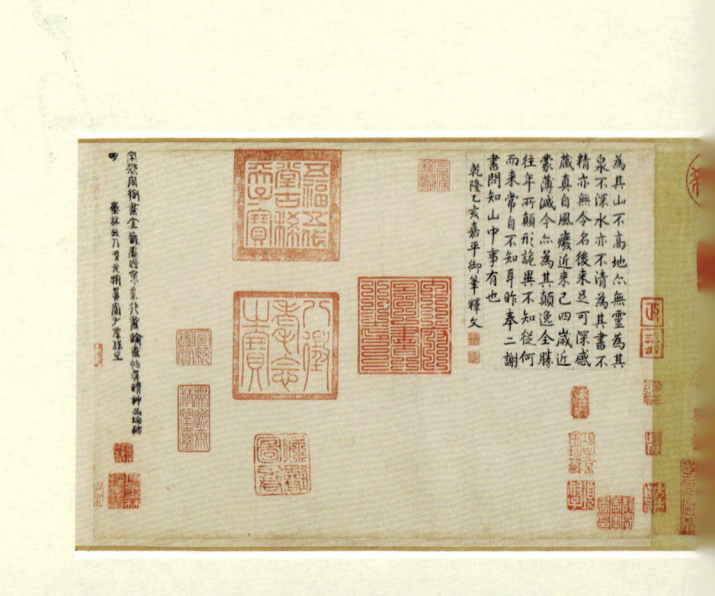

山不高地必無靈為其
泉不深水亦不清為其書不
精亦無今名是可深感
歲近來己四歲感
蒙藏真既其顯逸全勝
往年所顯不說與不知何從
而來常自不知耳昨本二謝
書問知山中事有也
乾隆乙亥嘉平御筆釋文

乃至山水之高趣豈云
青翠之濃水之淡清乃含
造化揭古今名得未巳
云深感發奉自風之廢上
本之一樂上養荷盛意
乃至敬逸至掃諱李忘
彩彩詫羞玄始作月雨
事冷自不书下乃至二兩
志可言旦申子 立 和

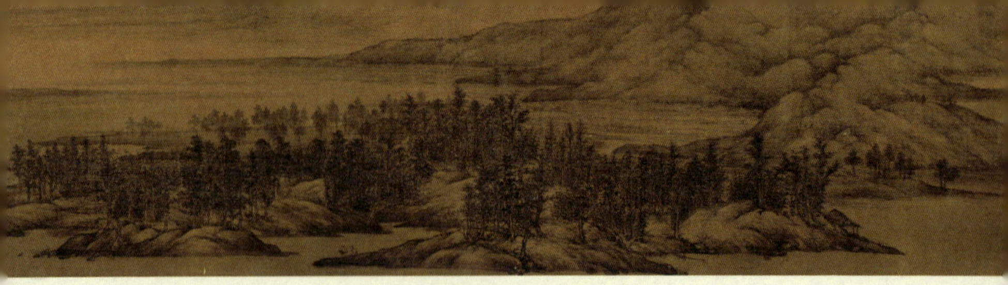

盈盈玉碗若薄云

白玉贴金花式碗

清代

长17.15cm　宽11.6cm　高4.7cm

　　乾隆时期，除了制作中国传统玉器外，还引进和仿制了外域的玉质艺术品，其中最著名的是痕都斯坦玉——在清朝的宫廷中是非常名贵而特别的一种玉，简称痕玉。它们深得乾隆皇帝推崇，成为中国玉器史上具有浓郁异域风情的一枝奇葩。

　　这种玉器玉质莹润，器体轻薄，拿在手上有轻若浮云之感，乾隆皇帝曾赋诗称赞："在手疑无物，定睛知有形。"器物多仿植物造型，并装饰各种花卉图样。

　　这只半透明的白玉碗，形状像花瓣，花蕾式双耳，椭圆荷花形足，内外壁均有贴金花纹。碗的内壁饰贴金小鱼纹，金箔多有脱落；外壁上下缘浮雕凸齿纹和花瓣纹，腹部满饰贴金枝叶纹。

小知识：痕都斯坦

　　清代对印度北部莫卧儿帝国的称谓。痕都斯坦玉泛指清代宫中所藏中亚等地区的玉器。

明清玉器展　107

第四单元
雅致吉祥的陈设品

从隋唐开始，中国古代玉器摆脱了封建礼制的束缚，建立起贴近生活的世俗化玉器体系，此后一直沿着这个方向发展，明清两代达到鼎盛。明清时期的玉器中，有些是专门用来陈设欣赏的，也有些兼具陈设与实用的双重功能。玉插屏、玉山子以及模仿商周青铜彝器造型的仿古玉，是清代最为多见的陈设玉器。一些被赋予特殊吉祥含义的动植物形象也是常见的陈设品题材，大多做成圆雕，既可陈设玩赏，也可兼作文房镇纸使用。

生生不息妙生肖

青玉十二生肖
清代
长3.4~5.4cm

这套十二生肖放置于紫檀木盒内，青玉质地，圆雕工艺，它们在盒内围成一圈，底部均磨平，神态各异，生动有趣。盒中间有弘历《万年青》诗一册。

垂髫稚子何所求

青玉人物山子

清代
高26.1cm　宽11.2cm　厚5.7cm

　　玉山子是以玉料雕琢成山形的玉器，主要流行于明、清。其上一般以浅浮雕或高浮雕技法雕琢山水或人物故事图案。这类题材的图案是以绘画作品为蓝稿，犹如立体的绘画。

　　这件山子的原料是一块细长形状的青玉籽料，背面保留了籽料凸凹不平的褐色皮壳，正面则剔除皮料，雕琢图案。山子底座一半雕石头，一半雕水波纹，水波上站立足踏祥云的观音菩萨，端庄慈祥，衣带飘逸，手持净瓶杨柳，石头上站一个手合于胸前向菩萨祈祷的小童。

明清玉器展

第五单元
玩赏与实用皆宜的文房用玉

　　以优良玉料雕琢的文房用具,既是文人雅士不可或缺的实用工具,又可作为雅玩和陈设品,因此自宋代以来文房用玉就深受社会上层的欢迎,使用量很大,在玉器生产中占有重要的地位。清代的文房用玉与其他玉器一样在数量和质量上都超过以往的任何时期,其器型种类包括笔管、笔筒、笔架、笔舔（tiàn）、笔洗、水丞、砚、印泥盒、臂搁、镇纸、印章等。

荷香四溢室更清

青玉荷叶式花插
清代
高15.7cm　宽10.9cm

　　这件花插属于肖生式玉器,陈设用品,内可插物。明代玉器中已有花插,清代的玉花插样式较多。
　　这件花插,器体呈卷起的荷叶形,器壁碾琢荷叶的筋脉,器底雕为水波纹,从水中长出的荷花、荷叶枝茎支撑起卷成筒状的荷叶形容器,惟妙惟肖,渗透着浓厚的生活气息。

荡涤污泥不染尘

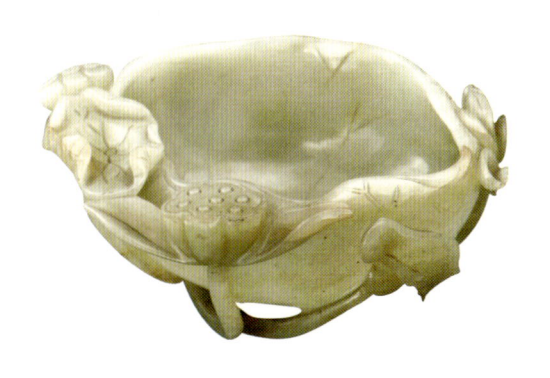

青玉荷叶式笔洗

清代

长11.2cm 宽8.6cm 高4.74cm

笔洗是古代文人墨客桌子上不可缺少的物件，挥笔过后蘸水洗笔，属于文房四宝笔、墨、纸、砚之外的一种文房用具，式样千奇百怪，材质丰富多彩。

这件笔洗局部染成褐色，器体呈卷起的荷叶形，外壁透雕缠绕小莲蓬、花蕾和枝叶作为器柄及器底的装饰。整件作品清新自然，打磨细腻，没有毕露的刀锋和制作痕迹，在造型及装饰上自然逼真，没有程式化的呆板感，透露出浓厚的生活气息，为清代玉雕风格。

荷花出淤泥而不染的品格历来受人喜爱。古代文人雅士，在生活的方方面面，物物皆有"心语"，既讲究实用功能，又含蓄地透露出使用者的精神品质。

小知识：肖生式器皿

所谓肖生式玉器皿，是指模仿自然界生长的植物或动物形象，以玉料雕琢成器皿，其中以花卉或果实题材最为常见，如以卷起的荷叶或剖开的桃实为容器，外壁透雕缠绕的花蕾、枝叶或攀附的螭虎作为器柄和器足，形神兼备，惟妙惟肖。

明清玉器展

第六单元
规矩秀美的玉器

从隋唐时期开始，伴随玉器的世俗化倾向，实用性的玉器皿越来越多，至清代中期达到鼎盛。清乾隆时期，玉料来源充足，乾隆皇帝又特别喜爱玉器，大力倡导玉器生产，使这一时期的制玉工艺得到空前发展。清代实用玉器皿种类繁多，其中数量最多的是具有实用价值的碗、盘、杯等饮食器。清代玉器皿的器型规矩，切割、掏膛、磨平、抛光技术精湛娴熟，大大超越了前代。

傲雪寒梅独自开

青玉梅花式洗

明代

长18.5cm 宽14.5cm 高7.3cm

这件玉洗是肖生式玉器，形状是上下叠压的复式梅花花瓣，外壁透雕缠盛开的梅花枝，花枝繁茂，枝梗棱角生硬，叶片边缘犀利尖锐，雕工粗率，刀锋突出，这是鲜明的明代后期审美风尚，显示出明代后期玉器做工的风格特征。

历代很多文人都赞美梅花的高贵品格，赞美它"俏也不争春"的含蓄与内敛、"凌寒独自开"的坚强与高洁，也寓意着主人对高贵品格的精神向往。

白玉香插

清代

口径10.6cm　底径6.5cm　高5.8cm

　　我国焚香习俗历史悠久，宋人吴自牧在其笔记《梦粱录》记载："烧香点茶，挂画插花，四般闲事，不宜累家。"因此，"焚香""点茶""挂画""插花"成为宋代文人雅致生活中不可或缺的雅致"四艺"，也称"四般雅事"。

　　这件白玉香插的底盘是一个圆形盘，盘的中心位置雕琢（zhuó）了一个立柱，设计别致，造型秀美。立柱上有三个小插管，用来插直燃式线香，线香内不含竹木签心，因此设了小插管用来插香。此器取材精良、雕工精湛，是清中期玉器中的上品。

轻烟袅袅玉生香

白玉菊花碗

清代

口径12cm　底径7cm　高3.8cm

　　这件白玉菊花碗的形状是盛开的菊花，花瓣细密，中心是网格纹的花蕊，碗外壁分上下两层，雕刻菊瓣纹，上面是四重花瓣，下面是二重花瓣，排列齐整，体现了重复规整之美。每个花瓣外凸内凹，浑然天成，胎壁极薄，近乎透明，更加显现出玉质的洁白莹润，它的精致与轻薄，与痕都斯坦玉器不分上下，堪称同类玉器中的精品。

蕊寒花冷蝶不来

明清玉器展　113

第七单元
清帝偏爱的时作玉器

　　时作玉，是指清代盛行的几种玉器品种。扳指，是对古代"韘（shè）"的俗称，是古人射箭时戴在右手拇指上以勾弦的用具，也是入关前满人男子必备之器。鼻烟壶，为盛装鼻烟的用具，中国始作于清康熙年间，从此大为流行。如意，起源于搔背的爪杖，明清时期成为寓意吉祥的陈设品。这三种器物，因深受清代帝王的喜爱，而逐渐脱离了实用功能，成为专供赏玩的工艺品，是清帝馈赠外国使节、赏赐子臣以及王公大臣向清帝进贡的重要礼品。

玲珑在手百般俏

青玉鼻烟壶

清代
高6.73cm　宽4.52cm　厚2.51cm

　　鼻烟壶是由中国首创的专门盛装鼻烟的器具，兴盛于清代，在乾隆朝达到高潮，嘉庆朝以后产量下降，但至民国时仍作为一种艺术品在生产。

　　鼻烟壶的基本形制是小口、丰腹、阔膛，上有馒头形的盖，盖

114　辽宁省博物馆

下配有象牙或木质的小铲，用于铲鼻烟。一般可手握，便于携带，有不同材质，施以多种工艺，被认为是集中国工艺美术之大成的袖珍艺术。

这件鼻烟壶上面有深浅不一的酱褐色，很像是古玉的沁色，却是人工染色而成，虽然其染法有些粗劣，但壶身上的褐色与玉色及两肩上的辅首、粉色的碧玺盖相配，将新意与古韵融为一体，别有情趣。

木柄三镶玉浮雕岁岁平安如意

清代
长54cm　宽14.5cm

如意，起源于爪杖，因爪杖能搔到背部手所不及之痒处，甚如人意而得名。如意在明清时期成为寓意吉祥的陈设品。在清宫，每逢帝后寿辰或重大庆典，王公大臣都要进贡如意作为贺礼，有时要进贡九盒如意，每盒中装九柄，意寓"久久如意"。

这件如意为木柄，头、腰、尾镶嵌三块圆角长方形如意瓦，其上均浅浮雕麦穗和鹌鹑的玉图画图案，意寓"岁岁平安"。木柄上以银丝嵌篆书文字，玉、木、银三种不同的材质相配，相得益彰，为如意中的上品。

久久如意岁平安

明清玉器展

一气浑融万里涵

青白玉乾隆题诗扳指

清代

外径2.7cm 高2.3cm

  扳指，又称搬指或班指，基本形制为可套于拇指上的圆管形，其前身为古人射箭时戴在右手拇指上以钩弦的用具。满人入关以后扳指逐渐失去其实用价值，成为一种装饰品，是身份地位的象征。

  这件扳指，青白色玉质，纯净莹润。外壁上下缘各阴刻雷纹装饰带，中部阴刻乾隆御题七言诗，从右向左纵行排列："蓬矢桑弧识举男，赋诗言射我需谙。钩弦易挽钩盈六，辨制须朱极三。终不可谖（xuān）惟令德，佩之无数岂虚谈。环中内外光明莹，一气浑融万里涵。"通篇楷书，每列三字，后镌"乾隆御题"四字及"乾"字圆形小章和"隆"字方形小章。台北故宫博物院收藏的一件玉扳指也有此诗，可见乾隆皇帝当时为物件作诗不一定是一物一诗。

第八单元
若描若绘的玉图画

玉图画，是指在玉器上雕琢（zhuó）绘画或书法作品作为图案装饰。这类玉器始见于宋代，盛行于清代，多以浅浮雕技法施于山子、插屏、笔筒、如意、扳指、鼻烟壶等玉器上。乾隆时期，玉器行业出现"玉厄（è）"现象，一些玉工为利所趋投买家所好，争相制作样式奇巧、题材庸俗、纹饰繁缛（rù）的玉器。为扭转这种情况，乾隆皇帝大力提倡制作绘画题材的玉器，玉图画逐渐成为清代玉器的主流之一。

碧玉浮雕三羊开泰瓶插屏
清代
长26.25cm　宽19.55cm　厚1.75cm

这件插屏为碧玉质，正面浅浮雕三只羊在草地上漫步，背面阴刻乾隆御制文《开泰说》，描金行书。

"三阳开泰"指一年中正月之时，冬去春来，阴消阳长。因"羊"与"阳"同音，古字"羊"字又与"祥"相通，所以往往以三只羊的图案象征"三阳开泰"，意寓吉祥亨通，多作为岁首称颂之语。

三羊贺岁阳春来

明清玉器展

山高玉白主流器

青白玉高浮雕山水人物图山子

清代

长15.4cm 高15.6cm 厚7.6cm

　　玉山子是玉图画题材玉器的一个主要品类。清中期玉图画成为当时玉器主流之一，玉山子的制作数量和质量也都达到了前所未有的水平。其体积大小不等，有重数吨、高数米的巨型玉山陈设品，也有数厘米的小型镇纸、陈设或把玩件。

　　这件玉山子为青白玉质，除底部外，通体细雕，呈现出正反两幅画面，正面为山水图，背面为山水人物图。山水图一侧运用了巧雕技法，工匠师傅将玉石瑕疵、杂色去除的同时，根据剩下玉料的形状和颜色做巧妙的设计，将玉料自带的皮色设计为山石和古树枝干。丰富的色彩运用使画面显得尤为生动，在掌心大小的空间营造出一幅秋日山林景致，美不胜收。

第九单元
师法古器的仿古玉

仿古玉，是指仿照古代青铜器、玉器和漆器的器型与纹饰而琢制的玉器，两宋时期伴随着金石学的兴起而产生，明代在复古主义思潮影响下，仿古玉有所发展，清代中期以后，乾隆皇帝为了整肃"玉厄（è）"现象，大力提倡仿古玉，使仿古玉器与玉图画一样，成为当时玉器的主流之一。清代仿古玉除了模仿商周青铜礼器的样式，还出现了仿汉代玉器和仿古与时作风格相结合的新形式。

仿古如古见匠心

碧玉兽面纹簋（guǐ）

清代
高14.8cm　宽21.8cm

这件玉簋仿照青铜簋的样式制作，圆体，透雕龙首形双耳，圜（huán）底，三兽吞式矮足，有盖。器腹与盖的外壁以浅浮雕的兽面纹〔饕餮（tāo tiè）纹〕为主纹，下压雷纹地，这是商代后期青铜器中常见的纹样。

此器玉色深沉，器体厚重，极富青铜器庄重肃穆的韵味，体现了当时玉器制作的师古之风。

佛手相伴福气盈

青玉佛手

清代
长22.7cm　宽11.8cm　厚7.7cm

佛手又称香橼（yuán），因其形状似手故名"佛手"。"佛"与"福"近音，所以清代以佛手象征多福。作为陈设品，寓意吉祥，是清代玉雕中的常见题材。

这件佛手形状模仿植物佛手，在其上还附有小的佛手和枝叶，工艺精湛，造型大方。

120　辽宁省博物馆

第十单元
无故不去身的佩饰品

中华民族具有悠久的爱玉传统，古人"君子无故，玉不去身"。在中国人眼中，玉除了美观悦目，还是仁义、纯洁等美好品德的象征，具有通神、避邪的功能。用于佩戴的玉器形式繁多，而且往往兼蓄多种含义。玉质的翎管、带板是官服上必备的配件，玉带钩的使用历史悠久，玉首饰是妇女衷爱之物，各种玲珑精巧的玉佩饰，则被帝王后妃与平民百姓普遍视若珍宝。

白玉苍龙教子带钩

清代

长13.45cm 宽2.9cm 厚2.6cm

在中国上古神话传说中，螭是龙的儿子，作为钩身的螭与钩首龙头相呼应，似在聆听教诲，寓意"苍龙教子"。

苍龙教子玉带钩的钩首雕作龙头形，腹上高浮雕螭纹，最早见于元代，流行于明清。

此件带钩腹部高浮雕的螭纹方头，直鼻，大眼，肘部细刻短毛纹，尾较长，尾端雕成花蕾状，身躯扭曲幅度较大。其只在四肢、尾部与钩身有几个支点，四肢支撑有力，腹部腾空，可作为清代苍龙教子玉带钩的标准器。

苍龙教子传佳话

盛装束发饰雍容

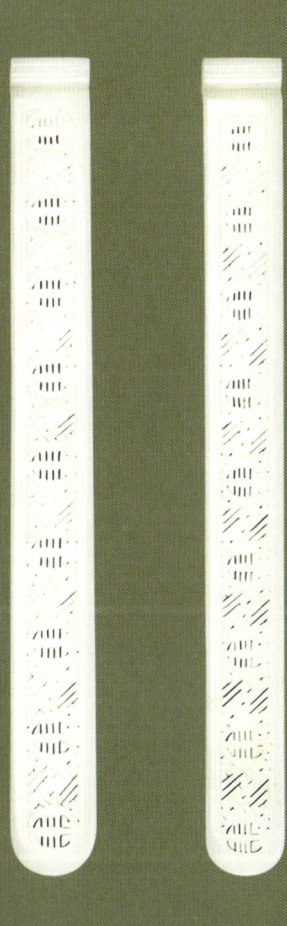

白玉透雕寿字扁方

清代

长32cm 宽3cm 厚0.35cm

  满族妇女有一种特殊的发式名曰"两把头",扁方是用来固定这种发式的特殊的大簪,作用相当于古代男子束发时用的长簪。扁方一端为半圆,一端为扁平的一字形,在使用时横插于发髻之上。

  这件扁方的玉质温润洁净,一字形的一端雕有梅花形的卷轴状饰,器体通身透雕"万"字与"寿"字相间的锦纹,精美华贵,为清代王室贵族妇女盛装时所使用。

明清瓷器精品展

　　瓷器是中国人民的伟大发明，千百年来一直浓缩和传承着中华民族的杰出智慧和创新精神。

　　瓷器滥觞（shāng）于东汉时期，历经魏晋、隋唐、宋元，于明清时期达到鼎盛。明代起，江西景德镇跃升为"天下窑器所集"之瓷都，所烧瓷器的品种、产量、销路均超过以往任何一个时期。青花瓷器经元代短暂的繁荣后，在明代得以创新和推广，成为全国瓷器生产的主流。以成化斗彩为代表的彩瓷、永乐宣德时期的铜红釉

和其他颜色的釉瓷器，技术高妙、气韵雅静，是我国制瓷史上的空前杰作。清代，特别是康熙、雍正、乾隆三朝，制瓷业达到了历史最高峰，所制瓷器以精妙严谨著称，且"行于九域，施及外洋"。除沿袭前代的制瓷工艺外，新创的珐琅彩、粉彩等瓷器，精美绝伦，为中国瓷器艺术增添了异彩。

明清瓷器，集中国古代工艺之大成，忠实地记录了瓷工们的不朽功绩，也折射出了创造它们的时代的特有光辉。

> **小知识：洪武瓷器**
>
> 　　明代洪武二年（1369年），朝廷在景德镇珠山设御器厂专烧宫廷用瓷。此后，历朝均沿袭这种制度，所烧产品被泛称为"官窑瓷器"。洪武官窑瓷器以青花、釉里红、红釉瓷器为主，其中红釉瓷器釉层较薄，呈色均匀，红中微微泛黄，青花和釉里红依然保留元代遗风，但图案题材比较单调，构图不及元代严密，运笔也相对呆板。民窑瓷器中最常见的品种是青花瓷，笔意洒脱奔放，具有浓郁的写意风韵。
>
> 　　釉里红瓷器是用含铜的矿物作为彩料，在瓷器的胎体上描绘纹饰，然后罩透明釉，在高温还原气氛中一次性烧成的釉下彩瓷。铜在高温焙烧后会变为红色，和白色的胎骨相映衬，从而形成红白相间的图案。

缠缠绵绵蔓相连

釉里红缠枝花卉纹盏托

明洪武

高3cm　口径19.5cm　底径11cm

　　这件盏托，红白相间，盏托呈菱花口形状，浅弧腹，盏托中心凸起，槽内和外环均为缠枝花卉，内壁饰折枝莲纹，折沿为卷草纹，外壁饰仰莲瓣纹。

　　缠枝纹是中国古代传统纹饰之一，又名"万寿藤""转枝纹""连枝纹"，是一种以藤蔓、卷草为原型创作而成的传统吉祥纹样，循环往复，雅致优美，象征着生生不息的美好愿望。

> **小知识：永宣青花**
>
> 青花是用钴（gǔ）料作着色剂，在瓷器胎体上描绘纹饰，再罩上一层透明釉，经高温一次性烧成的瓷器。钴料在高温焙烧后会发出蓝色，和白色的胎骨相映衬，从而形成了蓝白相间的图案。
>
> 我国青花出现于唐代，入元以后日渐成熟，明代永乐、宣德两朝是青花瓷器生产的黄金时代。官窑主要使用进口的苏泥勃青料，青花发色浓艳，浓重处时常会出现铁锈斑点。永乐、宣德两朝青花在造型、胎釉、纹饰等方面十分接近，所以有"永宣不分"之说。

水中青珠花作伴

青花海水葡萄纹大盘

明永乐
高7cm 口径38cm 底径24.3cm

　　这件大盘内底绘并列缠枝葡萄纹三串，如晶如玉；间饰藤蔓枝叶，内外壁绘牡丹、莲花、茶花、石榴、菊花等缠枝花卉；折沿内壁饰海水波涛纹带，一波波海浪，铺天盖地；葡萄和海水，放于咫尺，奇妙混搭。每个器物转折处即为各组纹饰的分界处，都清晰地描绘出青花双圈或单圈，令各组纹饰界限分明，繁而不乱。

明清瓷器精品展

> **小知识：甜白瓷**
>
> 甜白瓷是明代永乐时期景德镇窑创烧的著名瓷器品种，因瓷器釉色柔和悦目，似绵白糖色，故称"甜白"。甜白瓷胎料精细洁白，很多制品薄到半脱胎的程度，能够光照见影，器物胎壁上常见有暗花刻纹。除了作为宫廷日用饮食器外，甜白瓷也被用作宫廷祭器。永乐年间的甜白瓷质量最佳，宣德、成化、弘治朝的产品皆略逊一筹。根据测试，永乐甜白之所以有光莹如玉的质感，是因为釉中含有大量细微的残留石英颗粒和一定量的云母残骸。

莲房小碗如蜜甜

甜白瓷暗花鸡心碗

明宣德

高6cm　口径10.2cm　底径3.1cm

　　这件鸡心碗，深弧腹，高圈足较小，通体白瓷胎施奶白色色釉，器物内外壁采用暗刻技法做装饰，内底中心线刻变形莲瓣纹，内口沿饰卷草纹带，口沿外壁饰回纹一周，腹内外壁刻贯套纹。外底书"大明宣德年制"六字双竖行青花楷书款。

　　鸡心碗是明代永乐、宣德时烧制的一种碗，因碗底心外侧有鸡心状突起而得名，形态特征为碗腹较深，足较小。又因碗形酷似莲房，亦被称为"莲房碗"。

> **小知识：成化、弘治、正德瓷器**
>
> 　　明代成化、弘治、正德三朝，景德镇制瓷业得以恢复并扩大生产规模，由于统治阶层审美趣味的差异，各朝瓷器呈现出不同的风貌。成化瓷器以轻盈秀雅之风独步一时，造型玲珑秀奇，色调柔和宁静，绘画淡雅幽婉。弘治朝以黄釉瓷的烧制最为突出，胎体细润晶莹，彩料精细纯正，达到了历史上低温黄釉的最高水平。正德瓷器在品种和数量上均有大幅度增加，青花多用江西瑞州生产的石子青料绘画，图案色蓝中泛灰；正德素三彩以黄、绿、紫、白等釉色做装饰，色调幽雅，图案简练，是素三彩中的杰作。

绿波龙腾盘中荡

白釉雕填绿龙纹盘

明弘治

高4cm　口径18cm　底径10cm

　　此盘内底处线雕暗花云龙纹，龙身凹雕后填绿，龙作蜷曲腾飞状。外壁暗刻海水波涛纹，并雕填两条龙纹，龙身呈匍匐状，龙纹形态均依据器形的变化而布局，密疏有致，姿态动感，龙首向前，颈部弯曲，作昂首挺胸姿态，须毛飘荡，五爪呈风车状。

> **小知识：嘉靖、万历青花**
>
> 　　明代嘉靖、隆庆、万历时期，景德镇青花纹样采用回青绘画，回青也称"佛头青""青金蓝"，色调蓝中泛紫，时代特征鲜明。从现存的实物资料来看，这三个时期的青花呈色也略有不同，嘉靖初期颜色偏浅淡；隆庆时色泽最佳，浓艳湛蓝；万历晚期色调趋向灰暗。嘉靖、万历两朝帝王笃信道教，致使瓷器的纹样和造型等呈现出浓郁的道教色彩，常见的器皿有葫芦瓶，典型的图案有八仙、八宝、八卦、云鹤等。

忙趁东风放纸鸢

青花婴戏纹高足碗

明嘉靖

高10.2cm　口径14.4cm　底径4.4cm

　　婴戏图，是中国人物画的一种，以千姿百态、嬉戏玩耍的孩童为绘画对象，表现天真童趣。中国很早已有绘画婴孩的传统，唐宋时期技巧渐趋成熟，宋代是婴戏图的黄金时期，使之成为中国绘画中极受欢迎的画类。

　　这款高足碗就是婴戏题材。外壁以青花画童戏纹，所绘孩童，毛发较少，基本只有头顶一撮（cuō），形态各异，稚嫩可爱，童趣十足。他们有的在下棋，有的在观战，有的在放风筝，有的在鱼缸里捉鱼。碗底内心绘青花山水图纹，四周还有花草树木。

　　明代高足碗、杯，也称"靶茶锺（zhōng）""靶酒盏"，其中"靶茶锺"配茶托、锺盖，与鸡心扁壶（茶瓶）配合使用，是明廷皇帝喜用的茶器组合。

松梅相间意吉祥

青花松竹捧寿纹梅瓶

明万历

高45cm 腹径20cm

梅瓶，以口小只能插梅枝而得名。近代许之衡在《饮流斋说瓷》一书中详细地描述了梅瓶的形制、特征及名称由来："梅瓶口细而颈短，肩极宽博，至胫稍狭，抵于足微丰，口径之小仅与梅之瘦骨相称，故名梅瓶。"

这件梅瓶的瓶外壁通体分五层绘青花纹饰：主体纹饰绘于上腹部，以松树枝缠绕组成寿字纹；颈部外壁饰青花蕉叶纹带；肩部饰如意云朵纹，各云朵间不相连，云朵内饰折枝花卉，云朵间饰花草。

明清瓷器精品展

> **小知识：嘉靖、万历五彩**
>
> 　　五彩是瓷器彩绘技法之一，可分为青花五彩和纯釉上五彩两种。其釉上彩料多为透明色，采用单线平涂技法绘画，故图案无浓淡深浅的层次变化。
>
> 　　明代五彩始烧于宣德时期，嘉靖、隆庆、万历三朝颇为流行。典型的嘉靖五彩多以红、淡绿、黄、褐、紫及釉下蓝彩堆成，呈现出红浓翠艳、热烈华丽的视觉效果。万历五彩除采用传统的绘、染、填、点、堆贴等装饰手法外，亦发明了五彩和镂空相结合的工艺，所制产品图案繁密，尤其突出红彩，显得俗艳刺目，世称"大明彩"。

云卷龙舒若惊鸿

彩云龙纹盖罐

明万历

高11.6cm　腹径14cm

　　这件彩罐，造型敦厚朴实，整器纹饰色彩浓艳。外壁绘有二龙，一红一蓝，龙体舒展，栩栩如生，衬以缠枝牡丹纹地；双龙穿于花枝间，间以火焰纹饰，足部外壁及盖外沿周边绘卷草纹，平顶盖上画有云龙纹。龙纹颈上鬃毛前冲，以青花色泽的浓淡来突出花纹的立体感。

> **小知识：康熙青花**
>
> 　　康熙青花以胎釉精细、色泽鲜艳、纹饰优美而负盛名。早期青花主要使用浙料，呈色蓝中泛灰，与顺治青花特点相近。中期青花使用云南地区的珠明料，烧成后的色泽湛蓝清丽，因其蓝如孔雀尾羽，亦有"翠毛蓝"之称。所用青料有"头浓、正浓、二浓、正淡、影淡"五种色阶，运笔则达到了得心应手的程度，甚至在一笔一画之中亦能变化出强弱不同的笔韵。晚期青花色调趋于淡雅，发色有晕散现象。后世有"硬彩（五彩）、青花均以康熙为极轨"之说。

兄弟情深终相见

青花人物纹杯

清康熙

高5.1cm　口径7.1cm

　　这件青花人物纹杯白瓷胎挂白釉，露胎处微黄，釉色光洁，青花人物图案色彩鲜艳，底有"大清康熙年制"双圈青花款。

　　从上面杯子不同角度的画面可以看出两位长须杯子上的画面为两位长须、高髻、身着宽袖长袍的男子，相对而立，似在交谈，他们身旁一侧是一棵粗壮斜伸的古树，另一侧是四只体如白石的羊安卧于草丛中，整个画面描绘的是哥哥皇初起和弟弟皇初平在金华山相见，皇初平"叱石成羊"的故事。

明清瓷器精品展　133

小知识：雍正青花

　　雍正瓷器以精细著称于世，其特点是瓷质莹洁，器型隽秀，纹饰婉约，堪与明代成化瓷器相媲美，故有"明看成化，清看雍正"之说。与挺拔遒劲的康熙青花不同，雍正青花在造型和装饰上均体现出柔美秀巧的风格。此时的景德镇官窑拣选、冶炼青料更为精细，选择后的青料由专职工匠研磨，陈放数月之后方能使用，故青料中的锰铁含量降低，铅的含量得以提高，致使烧成后的青花呈色愈加稳定。青花的绘画工艺也更趋成熟，画得好的青花瓷画，具有国画的水墨效果。

淡雅颜色不缺失

青花丛竹纹碗

清雍正

高5cm　口径11cm

　　此碗胎质细腻洁白，釉色洁白光润如玉。外壁饰青花双钩丛竹纹，青花发色雅淡，花纹线条轻细工致。

　　此碗为斗彩器的半成品，只完成了青花部分，釉下青花纹内填釉上彩缺失。这种残缺之美却别有一种清新雅致的韵味，在众多青花器中独树一帜。

> **小知识：乾隆青花**
>
> 清代乾隆一朝持续60年，青花瓷器仍然是景德镇瓷业的主流产品，其烧造量超过了历史上任何一个时期，烧制技术也取得了前所未有的成就。与清幽的康熙青花有别，又和淡雅的雍正青花不同，典型乾隆青花以纹饰繁密、染画工整、造型新奇取胜。此时的青花发色也因选料加工的差异而略有不同，早期呈色不够稳定，蓝色略显晕散；中期逐渐形成湛蓝明快的色调，具有"稳定、浑厚、沉着"的特征；晚期趋向浓重沉闷，失去了清丽明快的效果。

青花缠枝莲纹六连瓶

清乾隆
高17cm 腹径16cm

六瓶"牵手"心相连

这件六连瓶，器型如六瓶并列相接，相接重合处相通，其中一个瓶子在正中央，周围接五瓶，每个瓶子均两两相接，形成连体状态。中间一瓶高出四周五瓶半个脖颈，周围五瓶口和五底足俯视和仰视均围成了梅花形，中间一瓶的口和足则为梅花的花心。六瓶的形制、纹饰基本一致，每个瓶均为敞口外撇，直颈细长，丰肩，腹内收，圈足。白瓷胎，露胎处现黄。施白釉，足跟无釉。青花装饰，外壁绘缠枝番莲纹，口沿下有蕉叶纹带，腹下部至足上部外壁饰变形莲瓣纹。中间瓶外底有"大清乾隆年制"六字三竖行篆书青花款。

明清瓷器精品展 135

> **小知识：康熙五彩**
>
> 　　康熙时期，五彩瓷器烧造工艺进一步成熟，所用彩料比明代更为丰富，其最大特点是创造性运用了釉上蓝彩和黑彩，形成了红、绿、黄、黑、赭、蓝等多种彩色的巧妙搭配。由于彩料中加入了蓝和黑等深色调，使瓷画的色彩对比更加和谐沉稳。在瓷画方面，康熙五彩改变了明代嘉靖、万历时期的粗率画风，施彩均匀细致，线条劲挺流畅，笔触圆润柔和，使画面愈加工致精丽，生动传神。康熙五彩题材丰富多样，最具代表性的纹饰有仕女和戏曲人物等。

在川之乐传千年

青花五彩鱼藻盘

清康熙

直径20.5cm

　　鱼藻纹是中国流传最古老的纹样之一，作为装饰图案，在新石器时代的河姆渡时期便已出现，到宋代鱼藻纹才开始风靡全国并流传千年。鱼藻纹，即鱼与藻类、莲叶、水草等配着用的纹饰图，鱼纹多是顺向追逐游动。寓意"富贵有余""连年有余"。

　　这件鱼藻纹盘是康熙时期仿明嘉靖五彩精品之作，整件盘子形制规整，胎质坚实，纹饰精美艳丽。盘内描绘鱼儿肆意畅游在莲池之中，盘心一尾鲤鱼从水中跃起，另一尾则悠闲自得，游弋在荷莲之间。底款"在川之乐"取自《庄子》，体现出"子非鱼，安知鱼之乐""子非我，安知我不知鱼之乐"的哲学意味。

釉里红雕花海水龙纹梅瓶

清雍正
高35.3cm　腹胫22.9cm　口径7.2cm　底径13.4cm

　　瓶小口，短颈，丰肩，圆腹，胫内收，圈足。通体以釉里红绘饰海水，留白暗刻大、小二龙。外底施白釉，中央青花双圈内书"大清雍正年制"六字双行楷书款。

　　此瓶器型挺拔端庄。装饰手法新颖，红、白二色交相辉映，海涛中腾跃的大、小二龙，有"苍龙教子"之寓意。

红彩雪龙腾细浪

小知识：康熙、雍正、乾隆釉里红

　　釉里红是用含铜的矿物作为彩料，在高温还原气氛中烧成的釉下彩瓷器。它的烧成对窑室中气氛要求十分严格，烧成难度大，成品率低。釉里红创烧于元代景德镇窑，明中期以后走向衰落。清康熙时期，皇帝本人非常重视这一名贵品种，在其督促下，景德镇再次烧制成功，并取得了卓越成就。雍正釉里红瓷器更趋精进，不仅色泽鲜红，而且成品率极高。乾隆时期，釉里红继续保留前朝遗韵，呈色稳定，色泽鲜艳。清中期之后此工艺日趋衰退，逐渐被矾（fán）红彩代替。

明清瓷器精品展

> **小知识：粉彩**
>
> 　　粉彩是清代康熙末期创烧的低温釉上彩瓷器，是由珐琅彩衍生而来的一个新品种。其工序是，先在高温烧成的白瓷上用墨线起稿，在图案内添上一层可作熔剂亦可做白彩的玻璃白，再将所用彩料调匀，于玻璃白上进行描绘，最后入彩炉烘烧而成。因以粉彩所表现的物像柔和粉润，粉彩又有"软彩"之称。雍正时期，景德镇御窑厂大量烧制粉彩器，并影响到民窑。官窑粉彩多以白釉为地，胎体轻薄剔透，纹饰精妙入微。乾隆粉彩改变了以往的渲染手法，花朵大多勾茎，风格趋向繁缛（rù）。

满庭芬芳醉春风

粉彩百花尊

清乾隆
高24cm　口径15cm

　　百花尊造型独特，通体施粉彩，器口、高足内均施绿松石色釉，口沿、颈腹交接处、腹足交接处等均饰以金边，尽显雍容华贵、富丽堂皇。器身上多种四季花卉层叠交错、竞相开放，展现了绚烂多彩、花团锦簇的繁花世界，寓含百花呈瑞之意。

　　此器的独特之处在于"百花不落地"，亦称"百花不露"，指的是将粉彩与金彩结合，各色花朵将整个画面填满，不露出瓷底，也不露出花朵的枝干。"百花不露"瓷器烧制工序之繁缛，设色之丰富，绘画之多彩，非数人之力不可成，当为彩瓷之翘首。

138　辽宁省博物馆

斗彩莲池鸳鸯纹碗

清道光

高7cm　口径16cm

  此器腹外壁及碗内底心处描绘的是斗彩莲池纹，碗内图案绘青花双圈，内有一只鸳鸯天上飞翔，与另一只在荷叶莲池中畅游的鸳鸯俯仰两相凝望，仿佛在诉说深情；外腹壁纹描绘了游戏在荷莲间的鸳鸯，姿态不同，动感十足，有的在回眸，有的在追逐。笔触精到细腻，纹饰纤柔浓艳，花叶、芦草千姿百态，给人以"鸳鸯影成双，荷香弥芬芳"的既视感。

鸳鸯戏水荷间望

小知识：斗彩瓷器

  斗彩是釉下青花和釉上彩相结合的一种彩瓷装饰工艺。其工序是，先用青花在胎上勾勒出完整的纹饰轮廓，然后罩以透明釉入窑高温烧成，再在釉上蓝色的轮廓线内填画各种彩料构成完整图案，最后入彩炉低温二次烧成。

  斗彩瓷器成熟于明成化时期，当时所选色料有鲜红、油红、娇黄、鹅黄、深绿、松绿、孔雀蓝等。清雍正时期，斗彩瓷器的纹饰布局、色彩配合及填彩技法均有卓然成就。乾隆以后，此种工艺依然盛行，但其秀丽淡雅不及雍正，晚期则日渐衰落。

明清瓷器精品展

> **小知识：矾（fán）红彩瓷器**
>
> 　　矾红彩是以氧化铁为着色剂，用青矾煅烧原料，加入一定量的铅粉为助熔剂，牛胶做黏合剂，用平涂法涂抹在白釉瓷器上的低温釉上彩瓷，亦称"铁红"或"抹红"。
>
> 　　矾红的色泽通常呈橙红色，或呈枣红色，是中国传统的彩绘颜料。其色调与彩料细度、烘烤温度、烘烤时间均有密切关系。清代康熙、雍正、乾隆三朝的矾红彩，主要在精致的白瓷上作画，彩料加工精细考究，窑温控制得心应手，所烧器物红白两色相互映衬，明丽鲜艳，装饰效果强烈。

青花红彩韵不同

青花矾红彩海水龙纹梅瓶

清乾隆

高34.7cm　腹径23cm

　　这件梅瓶，里外施白色透明釉，装饰青花红彩纹，颈饰青花蕉叶纹，肩上部饰青花缠枝和变形莲瓣纹，从肩下部到胫部为主体，纹饰青花海水、红彩九龙，九龙神态各异，上下翻腾，中央书"大清乾隆年制"六字三竖行篆书青花款。器形稳定持重，龙纹活灵活现，充分体现了乾隆瓷器的高超技艺。

> **小知识：康熙素三彩**
>
> 　　素三彩器始烧于明代，清代延烧，以黄、绿、紫三色装饰彩料为主，有时还加少许白彩和黑彩，因无红彩，色调冷艳、素雅，故称为"素三彩"。
> 　　康熙时期，素三彩有了进一步的发展，它的彩色除了黄、绿、紫外，增加了当时特有的蓝彩，加彩方法也更为丰富多样。

锦盘光转神龙舞

黄地素三彩双龙纹大盘

清康熙

高7cm　口径41cm

　　这件大盘是在白釉瓷器上涂黄色底釉，再施绿、紫等素彩画出龙纹，白彩用于点缀器壁上的花卉纹饰。

明清瓷器精品展

> **小知识：同治大婚礼造器**
>
> 　　清同治七年（1868年），同治皇帝大婚，朝廷特命江西巡抚景福在景德镇御窑厂督烧套装餐具，共计120桶、7290件瓷器，器型有海碗、大碗、中碗、汤碗、酒杯、羹匙和大中小盘、碟等，同时还有茶缸、渣（zhā）斗、粉盒、花盆等。
>
> 　　此组展品是同治大婚瓷器中的典型餐具，为烘托皇帝新婚的喜庆气氛，所有的器物色彩浓艳，纹饰均采用"双喜""喜鹊登梅"等吉祥图案。因与皇帝婚礼有关，这批瓷器又被称为"大婚礼造器"或"大婚礼型器"。

黄地粉彩梅鹊纹餐具

清同治
尺寸不等

　　梅鹊纹又名"喜鹊登梅"，是古代的吉祥纹饰之一。梅花是春天的使者。喜鹊是好运与福气的象征。梅鹊纹借"喜""梅"二字的发音，暗含"喜上眉梢"的吉祥寓意。

　　这套黄地粉彩梅鹊纹餐具为同治帝大婚用瓷。按照清朝制度，同治帝是登基后成婚所以要举行盛大的婚礼，因此烧制了大量的精品瓷器。这些瓷器多为双喜、梅鹊等吉祥图案，这套梅鹊纹餐具便是同治陶瓷精品的代表。

喜事来临鹊儿欢

> **小知识：郎窑红釉瓷器**
>
> 郎窑红是清康熙时期仿明永宣红釉而烧制的高温铜红釉瓷器，由郎廷极督理景德镇陶务期间烧成，世称"郎窑红"。其特点是色泽浓艳深沉，犹如初凝的牛血一样鲜红，亦称"牛血红"。
>
> 郎窑红瓷器造型浑厚大气，釉面有开片，底足的釉色多呈米黄色或苹果绿色。因施釉较薄，瓶类器皿的口沿处釉面在高温熔融后向下垂流，露出胎骨的颜色，进而出现了轮状的白线，垂釉大多聚集在器物的下半身，底足因璇削规整而保证了流釉不过足，故郎窑红素有"脱口垂足郎不流"之称。

郎窑红折腰撇口大碗

清康熙
高9.6cm　直径20.8cm　底径8cm

郎窑红釉碗，胎质紧实细糯，修足规矩端正，颜色并非鲜艳欲滴，而是红得沉稳沉静，显出淡雅凝重温、婉大气的气质。

醇厚沉静『郎不流』

明清瓷器精品展

> **小知识：豇（jiāng）豆红釉瓷器**
>
> 豇豆红是清康熙时期铜红釉瓷器中的名贵品种，因酷似豇豆红色而得名，俗称"大红袍"。具体做法是，工匠把竹管蒙上细纱，釉料灌进竹管内，分次将其吹到器物的表面。由于吹釉的薄厚差异及烧制气氛的影响，烧成后的红色釉层里会泛出深浅不一的绿色苔点，所谓"绿如春水初升日，红似朝霞欲上时"。与郎窑红烧制相比，豇豆红愈加费工费时，故传世品多为小件器物，主要是皇室宫廷内的文玩用具。豇豆红器传世品稀少，康熙以后，烧制技艺失传，后世的仿制品较粗糙。

一身红袍美人醉

豇豆红釉团螭纹太白尊

清康熙

高8.8cm 口径3.3cm 底径12.6cm

太白尊，又称太白坛，因模仿唐代著名诗人、酒仙李白的酒坛而得名。又因形似罩鸡之笼，民间也俗称为"鸡罩尊"，用途一说为文房用具中的水盂（yú）。

该尊以白瓷胎外施豇豆红色釉，上有苹果红色苔斑，因其浅红娇艳似小孩的脸蛋、如三月桃花，被人冠以"娃娃脸""桃花片""美人醉"等美名。里施白釉，口沿露白。外底施白釉，中心青花书"大清康熙年制"六字三行楷书款。

霁（jì）红釉玉壶春瓶

清雍正
高24.2cm　口径8cm　底径9cm

　　玉壶春瓶的造型是由唐代寺院里的净水瓶演变而来。这种瓶的造型定型于宋代，历经宋、元、明、清、民国直至现代。玉壶春瓶创烧于北宋，因宋人诗句"玉壶先春"而得名，原为一种实用酒器，后因其线条优美，逐渐演变成陈设欣赏的摆件。

　　这件春瓶敞口，束颈，溜肩，圈足，外壁整施霁红釉，色调沉着光雅，釉层肥厚滋润。整个瓶身呈双"S"曲线，弧线柔美而匀称。

优雅身姿名贵『衣』

小知识：霁红釉瓷器

　　霁红釉瓷器是清康熙年间烧制的仿明永宣红釉的产品，烧成后的釉面呈沉稳失透的深红色，分布着细小棕眼，故有"橘皮釉"之称。在文献记载中，霁红有时被写成"祭红""鸡红"。霁红是因釉表红色胜过雨过天晴之美而得名。称"祭红"者，一种是取自民间流传少女以身祭窑而烧出鲜红釉之说；另一种认为此类器皿主要用于宗庙祭祀，以具备祭祀的功能而得名。"鸡红"则是比喻其颜色鲜红如鸡血一样。

　　清《景德镇陶歌》云："官古窑成重霁红，最难全美费良工。霜天晴昼精心合，一样抟（tuán）烧百不同。"可见其珍。

明清瓷器精品展

> **小知识：霁（jì）蓝釉瓷器**
>
> 霁蓝是以钴（gǔ）料为发色剂的高温蓝釉，钴含量一般为2%左右，其特点是色调浓艳均匀，呈色稳定，釉层失透，釉面如橘皮。高温蓝釉创烧于元代，明宣德霁蓝釉瓷器的烧制水平达到了历史最高峰，有"霁蓝""宝石蓝"之美誉，与铜红釉和甜白瓷器并列为上品，被皇室用作祭祀器皿，故又被称为"祭蓝"。清康雍乾时期霁蓝釉瓷器的烧制颇有成就，色泽匀润稳定，和宣德蓝釉相比，釉面缺乏肥厚温润的质感。清代朝廷祭祀所用瓷器的颜色沿袭了明代旧制，祭祀天坛即采用霁蓝釉瓷器。

霁蓝晶亮映夜空

霁蓝釉盘

清康熙

高3.5cm　口径17cm　底径9.9cm

这件盘子白瓷胎，露胎处现黄色，口沿露白。内外壁通体施霁蓝釉，釉色匀，净釉面隐现橘皮纹。外底施白釉，青花双圈内书"大清康熙年制"六字三行楷书款。

此盘胎薄体轻，造型规整，釉色均匀润泽，如蓝宝石般晶莹透亮，为康熙蓝釉瓷的精品。此类霁蓝釉器物多在祭祀时使用，因此又被称为祭蓝釉。

小知识：天蓝釉瓷器

　　天蓝釉是清康熙时期景德镇创烧的一种高温颜色釉瓷器，因釉面色泽如蔚蓝色的天空而得名。天蓝釉中含有1%左右的氧化钴，釉料中的铜、铁、钛等金属元素均起着呈色剂的作用，经高温烧成之后，颜色幽菁（jīng）美观，釉质莹洁淡雅。康熙天蓝釉瓷器均为小件文房用具，雍正、乾隆两朝始见瓶罐等器型，大部分为官窑器。

天蓝釉螭耳椭圆洗

清乾隆

高5cm　底径10.7cm×5.8cm

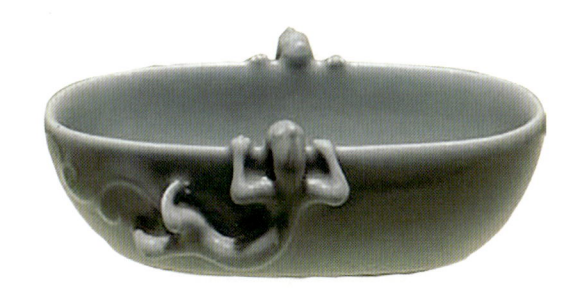

笔墨浓淡水中涤

　　洗在古代生活用途广泛，汉代以前，材质主要是青铜器，用作盥洗用具和陈设品，晋代开始有陶、青瓷制品，洗从实用器发展成雅玩器，到了宋代，文人雅士清高，追求极致，洗的功能演变成了文房用具，随着毛笔成为主要书写工具，笔洗就成为洗的代名词，一直沿袭到清代和民国。

　　这件笔洗为白瓷胎，通体施天蓝釉，釉色清澈碧蓝，洁净素洁，足跟无釉，呈黑色。两长边附贴两螭作为瓷饰，螭下颚抵于器边，前肢歪曲用力抓住器边，螭身尾部随器身甩至侧面，细尾分叉卷曲如花枝，螭骨骼如肩头、肘关节、脊柱、膝关节、手爪、脚趾等突出部位着重表现，生动刻画了其拼尽全力扒住洗的口沿的场景。底中央书"大清乾隆年制"六字三竖行篆书青花款。该器为乾隆官窑瓷器中的精品之作。

明清瓷器精品展

> **小知识：仿官、哥釉瓷器**
>
> 　　官窑和哥窑为宋元时期著名瓷窑，其特点是瓷器表面布满了大小不等的开片，紫口铁足。开片原本是在烧瓷的过程中，因胎釉的收缩系数不同而在釉面上产生的微小裂痕，后经窑工巧妙运用成为一种独具特色的釉装饰。
>
> 　　清代雍正、乾隆时期，督陶官唐英奉朝廷之命在景德镇御窑厂仿烧官、哥釉瓷器，并取得成功，所制产品多以清宫旧藏之物为本。清代仿品的釉面平整光润，开片规整，堪与传世的官窑和哥窑瓷器相媲美，只是器型略显拘谨。

多胞瓷器连体生

仿哥釉四连瓶

清乾隆

高45.3cm

　　四连瓶，也被称为"四联瓶"，它是清代雍正时期的一种首创器形。至乾隆朝仍有烧造，之后绝迹。四连瓶通常是由四个形态相同的筒瓶相互粘连围合为四方形。

　　四连瓶造型新颖而别致，不仅可以用来闲时珍赏，也可以当作宫廷插花的陈设之器使用。

> **小知识：冬青釉瓷器**
>
> 　　冬青釉是明代永乐时期仿宋元龙泉青瓷而创烧的一种瓷釉，又称"仿龙泉釉"。其最大特征是釉色青中闪绿，苍翠欲滴，釉质肥厚温润，如冰似玉。
>
> 　　清代冬青釉以康熙朝为最佳，釉层较均匀，莹润无开片，器物里外色调一致。与冬青釉接近的瓷器还有豆青和粉青，三者主要以器表釉色的深浅不同来区分。豆青釉色深而浓，釉面肥腴；粉青釉色淡雅，呈浅湖绿色；冬青釉色匀净苍翠，釉面光润。

金银满瓶荣华来

冬青釉描金银螭耳瓶

清乾隆

高34.4cm　腹径18.1cm　口径11.5cm　底径11cm

　　此瓶肩部附贴对称双螭耳。白瓷胎，内外施冬青釉，足跟无釉。整器外壁纹饰描金银，颈肩饰变形蕉叶纹、回纹、如意纹、云头纹，腹外壁有穿花螭纹，间饰蝙蝠纹，胫外壁饰莲瓣纹，足外壁饰一周卷草纹带，纹饰繁密，绵延不绝，放眼望去，金花银花次第绽放，奢华富贵之感迎面而来。

小知识：炉钧釉瓷器

　　炉钧釉是清代雍正年间创烧的低温窑变花釉品种之一，因史籍载"炉钧一种，乃炉中所烧"而得名。其先以高温烧成瓷胎，挂釉后入低温彩炉二次烧成。炉钧釉色调丰富，有月白、葱翠、钧红、朱砂红等颜色，在烧制过程中融于一体，形成各种美丽的彩斑和丝线状纹理。雍正炉钧釉以釉色流淌自然，其间密布红中泛紫或青色斑晕为最佳，俗称"高粱红"。乾隆炉钧釉烧造既承袭前朝，也有创新，釉面流淌较小，以蓝色的斑点居多。

山岚云气 如梦幻

炉钧釉双耳炉

清雍正

高7.5cm　口径12.8cm　腹径14.6cm　底径10.7cm

　　双耳炉敛口，耸肩，鼓腹，口有双耳，底圈足。釉面温润，釉色深沉，蓝绿相间的釉色交融流淌，似云蒸霞蔚，红色斑点交混其中，陆离斑驳，犹如山岚云气，诡谲（guǐ jué）绮丽。整器造型沉稳秀雅，线条优雅，风格淡雅，完美体现了雍正朝炉钧釉的特性，集精、罕、美于一体，恰似人间梦幻。

> **小知识：茶叶末釉瓷器**
>
> 　　茶叶末釉瓷器是我国古代铁结晶釉的重要品种之一，经高温还原焰烧成，釉面呈失透状，古朴清丽，因釉面的质感颇似茶叶细末，故称"茶叶末釉"。
>
> 　　此种制瓷工艺创烧于唐代，自明代起景德镇御窑厂开始烧制，清代以雍正、乾隆时期的产品为多。茶叶末釉在清代被称为"厂官釉"，有鳝鱼黄、蛇皮绿、黄斑点三种。从传世品看，雍正时期器型丰富，釉色偏黄；乾隆制品釉色偏绿，色泽如螃蟹之甲壳，俗称"蟹壳青"。

青山不老新如故

茶叶末釉绶（shòu）带瓶

清乾隆

高26cm　口径3cm　底径8cm

　　这件绶带瓶整体呈葫芦形，小口，细直颈，中间为束腰式箍形装饰，瓶底足外撇，圈足露胎，胎体较薄，两侧为对称的弯曲绶带形系耳，线条流畅，俊秀飘逸。瓶身着暗绿釉色，闪烁黄色光斑，端庄大气，古雅幽穆，呈现出一种"青山不老，见新如故"的意蕴。

明清瓷器精品展

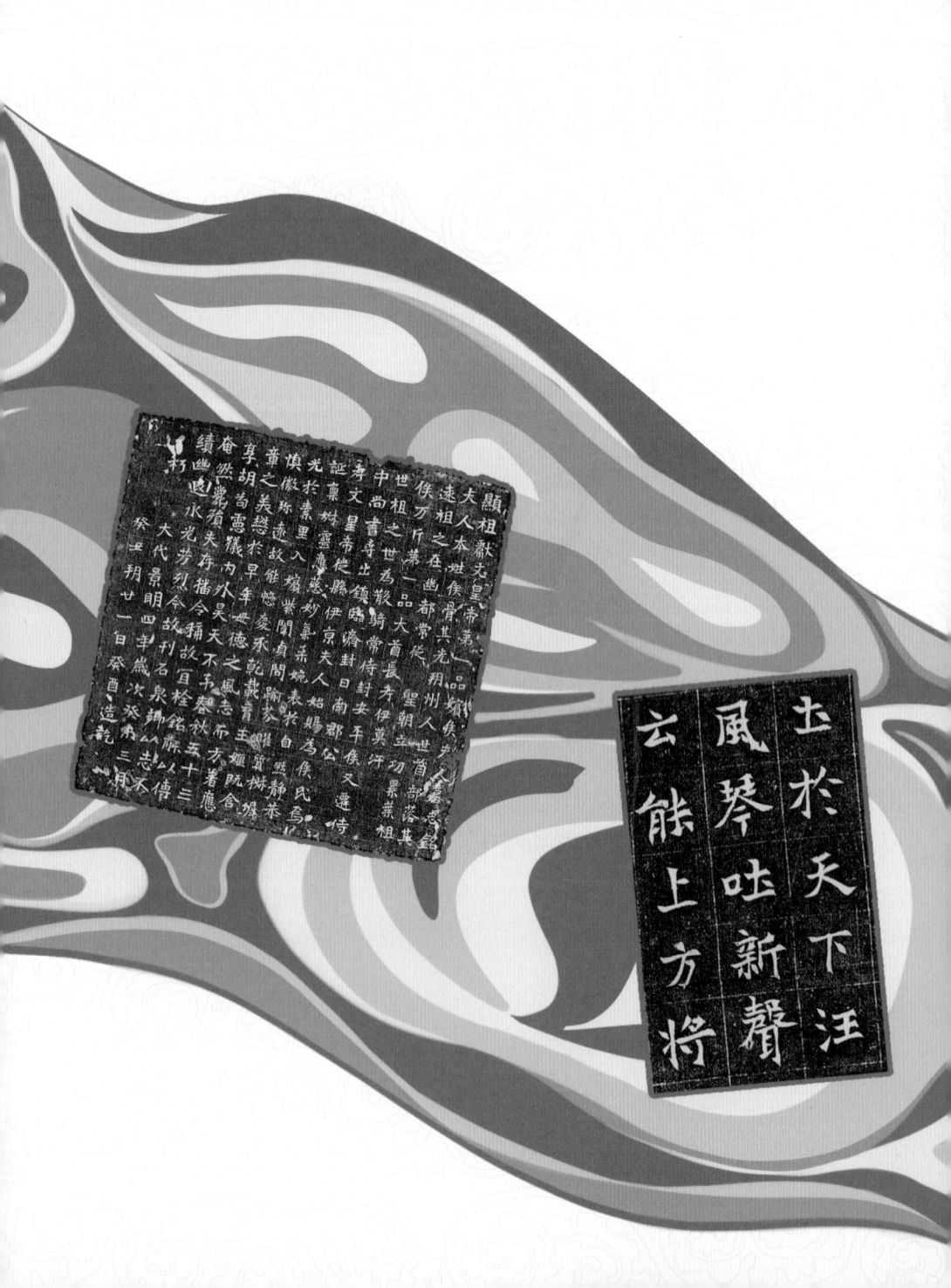

去於天下汪
風琴吐新聲
雲能上方將

中国古代碑志展

碑志是指镌题文字的刻石，是中国古代文化的重要载体。先秦已出现刻石纪事的实例，两汉时期树碑立传的风气盛行，魏晋则开启了后世墓志之端，北魏以后，方形墓志渐成定制。碑志是集多种文化元素于一体的艺术品，蕴含社会历史、书法、雕刻、人物传记、丧葬礼俗等信息，是学术研究的宝贵资料。

本展览中共展出200多件/组展品，时代跨度大，上自汉魏，下迄明清，具地方特点，数量众多，以北魏墓志、辽代墓志中的帝后哀册最具特色。

一方碑志一段历史。本展览陈列的碑志是我们解读历史、感受文明、欣赏艺术、陶冶性情的珍贵文物，也是中国东北古代各民族文化融合、建设家园历史进程的真实写照。

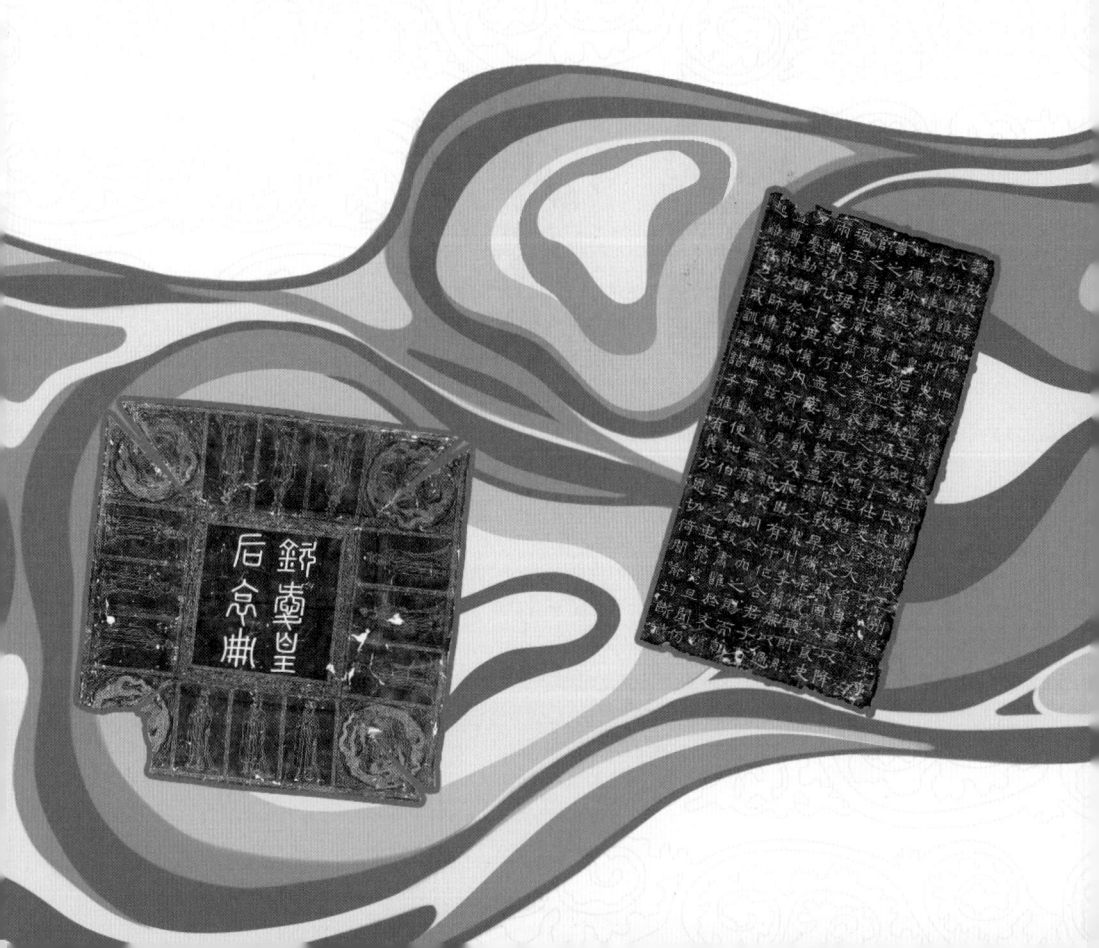

东汉时期（25—220年）

刻辞之碑，始于东汉初年，为述德纪事、标志葬地、颂扬逝者之用。其后，渐成固定形制，书写形式从秦篆过渡到隶书。随着崇尚儒学及厚葬之风盛行，产生了大量风格多样、艺术水平高的碑刻。由于年代久远，汉代传世墨迹目前难得一见，碑刻文字成为后世了解汉代史实及书法艺术的重要标本。

篆入残石刻沧桑

袁敞碑局部拓片

袁敞碑

东汉
存高77.5cm　存宽72cm
河南偃师出土

碑身竖形，中部有穿，出土之时，已断缺。碑文篆书十行，文字已多磨泐（lè），行残存四至八字不等，是存世石刻中极为珍稀罕见的篆书墓碑。碑文篆字锋颖如新，笔画方折遒丽，骨力劲拔飞峭，充分体现了汉代篆书灵动厚重的特点。

碑主袁敞，字叔平，东汉名臣袁安之子，《后汉书》有传。

北朝时期（439—589年）

南北朝时期，中国北部动荡的社会环境、对于生命意义的探讨和对命运的关注作用于丧葬礼俗，客观上促进了北朝墓志的发展和兴盛。统治者采取兼容并包的文化政策，促使魏碑形成率意、雄强的书法风格，影响深远。20世纪初，河南洛阳北邙（máng）山出土的一批北魏墓志，便是此时期的代表作。这些书丹上石的书法珍品，使"魏碑体"流传百世，成为中华民族宝贵的文化遗产。

一品夫人盖棺论

献文皇帝第一品嫔侯夫人墓志

北魏景明四年
纵41cm　横40cm
河南洛阳北邙山出土

献文皇帝第一品嫔侯夫人墓志局部拓片

墓志全称"显祖献文皇帝第一品嫔侯夫人墓志铭"。正书，16行，行16字，上有浅界格。

墓主侯夫人为北魏献文帝拓跋弘之嫔，本姓侯骨，北魏孝文帝汉化改革，改复姓为单姓，改为侯姓。"第一品嫔"是品级较高的后宫嫔妃。

墓志楷书雄强劲拔，点画疾重，气象博大，具有北魏早期书法用笔刚劲的特点。全篇力道充实，一气贯通。墓志文辞华美，骈（pián）散结合，能为研究北魏时期的地理史、民族史、职官史等提供佐证资料，具有重要史料价值。

中国古代碑志展　155

妙气灵姿称贵嫔

司马显姿墓志局部拓片

北魏司马显姿墓志

北魏正光二年

纵68cm 横68cm

河南洛阳城北出土

　　墓志全称"魏故世宗宣武皇帝第一贵嫔夫人司马氏墓志铭"，正书，21行，行22字，共434字。该碑保存完好，书刻皆精，为魏碑中的精品。
　　墓主司马显姿为北魏宣武帝元恪（kè）的嫔妃，系晋朝皇族旁支后裔。她正始初年入宫，封为贵华夫人，因才姿婉美，志洁贤淑，很快又被迁升为第一贵嫔夫人。元恪驾崩后，司马显姿忧伤过度而死，年仅30岁。
　　墓志书法厚重富丽，梁启超评其为"于峻拔之中，别饶韶秀"，是初学楷书者的极佳范本。铭词意境别开，一唱三叹，具有极强的文学感染力。

元钦墓志

北魏永安元年
纵82cm 横85cm
河南洛阳城北张羊村出土

墓志全称"大魏故侍中特进骠（piào）骑大将军尚书左仆射司州牧司空公钜平县开国侯元君之神铭"。志文楷书，37行，行35字。墓石选材考究，镌刻精致，极富皇家气派。

墓主元钦为北魏恭宗景穆皇帝之孙，阳平哀公季子，官至定州刺史。

此墓志可能是我们目前所看到的内容最长的北魏元氏皇家墓志。元钦生前地位尊贵，因此，他的墓志铭的撰写和刊刻工作非常受重视。撰写者是北魏当时骈（pián）体文的高手，文采斐然。墓志书法格调温润，用笔灵动，与北魏早期书法风格迥然不同。志文造句绚丽，遣词清绮，可以称为北魏末年"馆阁体"的代表之作。

清词丽句赋皇家

元钦墓志局部拓片

小知识：馆阁体

"馆阁"一词最早出现在东汉，功能类似于"皇家图书馆"。到了唐朝，"馆阁"成为学术研究和教学的场所。北宋称为"三馆"，还承担图书编纂工作。明清时期，馆阁的职掌归于翰林院。

明永乐时，翰林院侍讲学士沈度，其书法风格秀润华美，正雅圆融，深受成祖朱棣赏识，因而名重朝野，士子争相仿效，遂成标准书体。明代著名的《永乐大典》就是他写的。

明代之后，与这种风格一致的书风被称为"台阁体"，清代称为"馆阁体"，该书风以乌黑、方正、光洁、等大为特点，掌握馆阁体也成为科举考试的必要能力。

中国古代碑志展

识我柔仪传后世

冯氏墓志局部拓片

安丰王妃冯氏墓志

东魏武定六年
纵67cm 横68.5cm
河北磁县出土

  墓志全称"魏故使持节侍中太保特进都督雍华岐三州诸军事大将军雍州刺史安丰王妃冯氏墓铭"。隶书，22行，行21字，墓石略呈方形，边缘微有残缺。

  墓主冯氏，安丰王元延明之妃，是北魏名臣冯熙第六女，她的二姐、三姐为孝文帝皇后，四姐、五姐是孝文帝昭仪，地位极为尊崇。她贤良淑德，教子有方，嘉言懿（yì）行足可垂范后世。

  北魏墓志中，以隶书铭石凤毛麟角。该碑隶书体势直承晋隶，端庄稳重，典丽疏朗，体现了北魏隶书清新匀净的特点。

北齐乐陵王高百年及妃觚（gū）律氏墓志

北齐河清年间
纵67cm　横67cm
河北磁县出土

玉玦长泣对鸳鸯

　　高百年是北齐太祖献武皇帝高欢之孙，肃宗孝昭皇帝高演之子，后被立为皇太子。孝昭皇帝临终前曾有遗诏，皇位传兄不传子，于是高百年的叔叔武成帝继承了皇位。

　　史书记载，河清三年（564年），武成皇帝观看星象，发现"白红围日，赤星见"，以为是不祥预兆，加上高百年长期习书总爱写一个"敕"字，于是武成帝大怒，怕高百年日后夺权，便将其锤杀，高百年时年只有九岁。

　　与此墓志同出的还有他的妃子觚律氏的墓志。高百年被召，预感性命难保，便将身上佩戴的玉玦（jué）留给妃觚律氏。高百年被打死后，觚律氏伤痛欲绝，拿着玉玦绝食而亡，年仅14岁。她死时，手中仍紧握玉玦，旁人竟然打不开。

　　按照史书记载，高百年死于河清三年，夫妇二人同年而葬，但觚律氏墓志记载觚律氏死于河清二年（563年），为何出现时间上的矛盾呢？原来，高百年属于"非正常"死亡，写史和墓志者，均不敢明书，有意掩盖事实，从而造成史志在这一问题上的矛盾。

　　高百年墓志全称"齐故乐陵王墓志铭"，22行，行22字，有界格，微有残缺。觚律氏墓志，全称"齐故乐陵王妃斛律氏墓志铭"，22行，行23字，无界格。

　　高百年墓志书法为隶书，风格洁净清澈，起笔多用露锋，具有隶书向楷书变迁的明显特征。觚律氏墓志，隶楷融一，笔调淡雅，笔锋明快，是隶楷过渡时期的典型作品。

觚律氏墓志局部拓片

中国古代碑志展　　159

千年风雨落边关

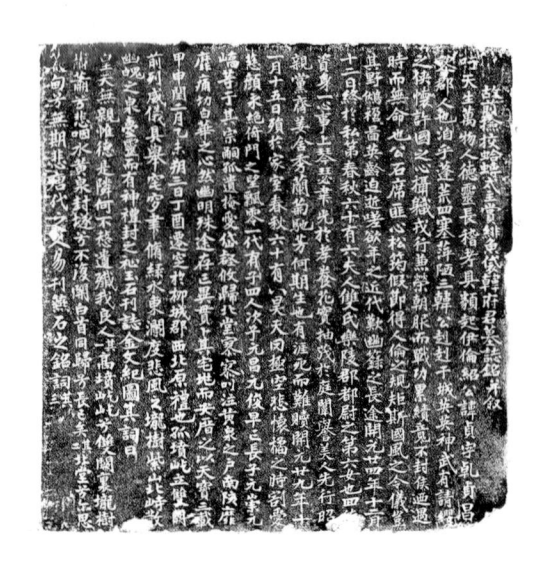

韩暨(jì)墓志拓片

韩暨墓志

隋大业八年

纵55.4cm 横56.5cm

辽宁朝阳北郊狼山南坡出土

墓志全称"大都督韩府君之墓志"。50行，行24字，共1187字，字微有漫漶（huàn）不清者。

墓主韩暨，隋辅国将军韩坤道之孙，平州司马韩详之子，他风姿卓异，才情雄略兼并，领大将军，授大都督。墓志记述了韩暨祖孙三代宦绩，同时载录了北魏晚期的政治形势及与高句（gōu）丽的关系、隋时的文风著述等，涉及北齐著名政治家崔季舒和斛律荆山王，尤为重要的是，墓志还留记了隋与契丹的密切关系，补佚了正史的缺失。

墓志书法浑古不离规矩，闲逸不失朴重，集秀丽与雄劲于一身，已启唐楷之先声。志文叙事典雅，思致摇曳，读之有珠玉之声。其中"绮美之独绝高妙，迥迈《登楼》之辞；缘情之秀丽妍华，超遁《芙蓉》之旨"诸语，正恰可移作墓志文的评论。

辽朝时期（916—1125年）

公元10世纪初，契丹族建立辽王朝，立国200余年，先后创制了契丹大字和契丹小字与汉字并行使用，这一史实充分体现在辽代碑志之中。从20世纪初叶开始，辽代碑志陆续出土，1920年代，内蒙古巴林右旗辽庆陵圣宗、兴宗、道宗三代帝后哀册面世。这些保存在地下的石刻档案成为研究辽代政治、经济、文化及各民族关系的宝贵资料。

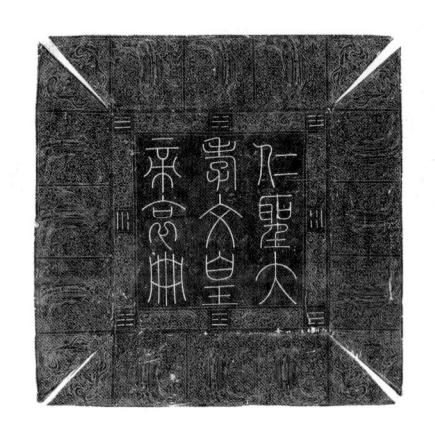

道宗仁圣大孝文皇帝哀册并盖
辽乾统元年
纵173cm 横175cm
内蒙古巴林右旗辽庆陵出土

道宗仁圣大孝文皇帝哀册拓片

古代帝王死后，将遣葬日举行"遣奠"时所读的最后一篇祭文刻于册上，埋入陵中，称为哀册。

此哀册正书，册文36行，行37字。册盖旁刻八卦符号，四周斜面刻有十二生肖神像。同时另有契丹文哀册一合，与汉字册文不对译，至今尚未能完全解读。这是目前发现最早的契丹小字资料，首次证实了契丹文的存在。

墓主耶律洪基，辽朝第八位皇帝，谥号"仁圣大孝文皇帝"，庙号"道宗"。册文记录了耶律洪基的功绩及辽天祚（zuò）帝耶律延禧对祖父耶律洪基的悼念与哀思。

哀册见证契丹文

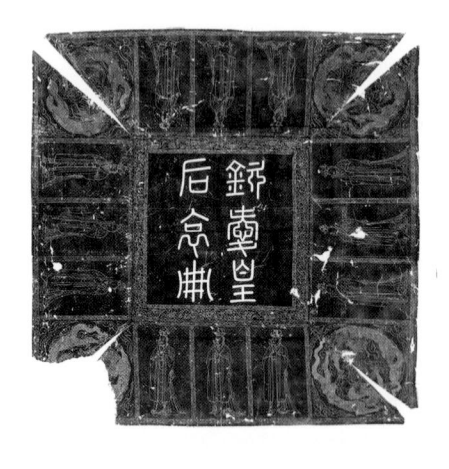

圣宗钦爱皇后哀册拓片

圣宗钦爱皇后哀册

辽清宁四年
纵124.2cm 横125.3cm
内蒙古巴林右旗辽庆陵出土

　　此哀册为汉白玉制作，分上下两石，上为册盖，其形为覆斗式，下为册石，其形为仰斗式。册盖正中平面刻汉文篆书"钦爱皇后哀册"二行，共六字，四周刻有花纹，四斜面线刻十二生肖人物像，四角刻双龙纹，周边和四侧面均以花纹装饰。册石刻汉文楷书，哀册文25行，行25字，共590余字。

　　册主萧氏，小字耨（nòu）斤，淳钦皇后弟阿古只五世孙，是辽兴宗耶律宗真的母亲。辽道宗即位后，尊其为太皇太后，清宁三年（1057年），册主去世，谥号"钦爱皇后"。

　　册文楷书用笔遒劲，凿刻精美，是具有唐代端正书风的楷书精品，受欧阳询书风的影响，是辽代前期书法的典型样式。

谁写幽思兴哀句

道宗宣懿（yì）皇后哀册并盖

辽乾统元年
边长173cm
内蒙古巴林右旗辽庆陵出土

才貌双全终昭雪

　　道宗宣懿皇后萧观音，也就是历史上著名的萧皇后。她姿容冠绝，长于诗词，喜好音乐，是辽代著名的诗人。辽清宁元年（1055年），被立为懿德皇后，深受辽道宗宠爱，后遭诬陷赐死。其孙辽天祚（zuò）帝耶律延禧即位后方得以昭雪，并追谥为"宣懿皇后"，与辽道宗合葬庆陵。

　　册盖作覆斗式，刻篆书"宣懿皇后哀册"三行六字，册盖斜坡四面，内刻八卦与莲纹，外刻十二生肖人物像，四角刻双龙纹和云纹。册石方形，侧面刻二龙戏珠和云纹。册文34行，行32字，正书，共950字。

　　此哀册汉文以工整的柳体楷书镌刻，为辽代书法之佳作。志文遣词优美，用典古雅，在赞美宣懿皇后的同时，也还原了她高超的诗文造诣与悲愤冤屈的一生。

道宗宣懿皇后哀册拓片

中国古代碑志展　163

金元明清时期（1115—1912年）

金元明清时期辽宁地区遗留的众多石刻是几代王朝经略东北、加强边疆管理、促进民族融合、巩固封建统治的实录，也是各族人民建设和保卫国家的真实写照。其中明代碑志是记述"九边之首"辽东的重要历史实证，清代碑志则是记录满族崛起及明亡清兴的重要铭刻。清代，许多学者、金石家对前代石刻碑志的研究日益深入，著作迭出。史学家也十分重视从石刻碑志中发掘新的史料，金石学日渐流行，成为考古学的前身。

崔源墓券拓片

千山此处葬英魂

崔源墓券

明景泰元年
纵横各38.7cm
辽宁鞍山千山区崔源家族墓地出土

崔源，字本清，明代辽东都指挥使司都指挥佥（qiān）事，昭勇将军，曾于宣德元年（1426年）至奴儿干都司招抚。

该墓券为青石质，方形，上部抹两角。券文20行，行18字。墓券，又称买地券，记载了崔源的子女崔胜等为其父购买墓地并安葬灵柩（jiù）之事。

该墓券为少见的随葬明器，也是研究我国丧葬制度与谶（chèn）纬之学的稀有文献。

为怜家国独憔悴

温庄长公主圹(kuàng)志拓片

温庄长公主圹志

清康熙二年

纵横各70.5cm

辽宁义县城北庙儿沟公主陵出土

志石右刻汉文楷书，十行，共166字；左刻满文，11行，共147字。二者文义相同。

墓主温庄长公主名为马喀塔，清太宗皇太极第二女，康熙皇帝的姑母。初封固伦公主，清顺治十三年（1656年）进固伦长公主，十六年（1659年）封永宁长公主，复改温庄长公主。她一生坎坷，为了清朝廷的政治需要，曾两次下嫁蒙古察哈尔部人。她去世后，康熙皇帝亲自为其选择墓地，并撰写了这篇志文。

该圹志的出土，补充纠正了《清史稿》关于温庄长公主的事迹和讹误。

中国古代碑志展　165

中国古代铜镜展

　　人类自从有了美的观念，对自身容貌举止就越发地重视。由最早的止水照容到铸鉴盛水，直至齐家文化出现铜镜，在长达4000多年的时间里，铜镜一直是人们生活中不可或缺的用具。清代中期，随着西方玻璃镜大量传入中国，铜镜的历史使命宣告完成。今天，只有铜镜背面精美的纹饰依然向我们讲述着不同历史时期的社会生活，传递着不同时代人们的思想观念和生活方式。

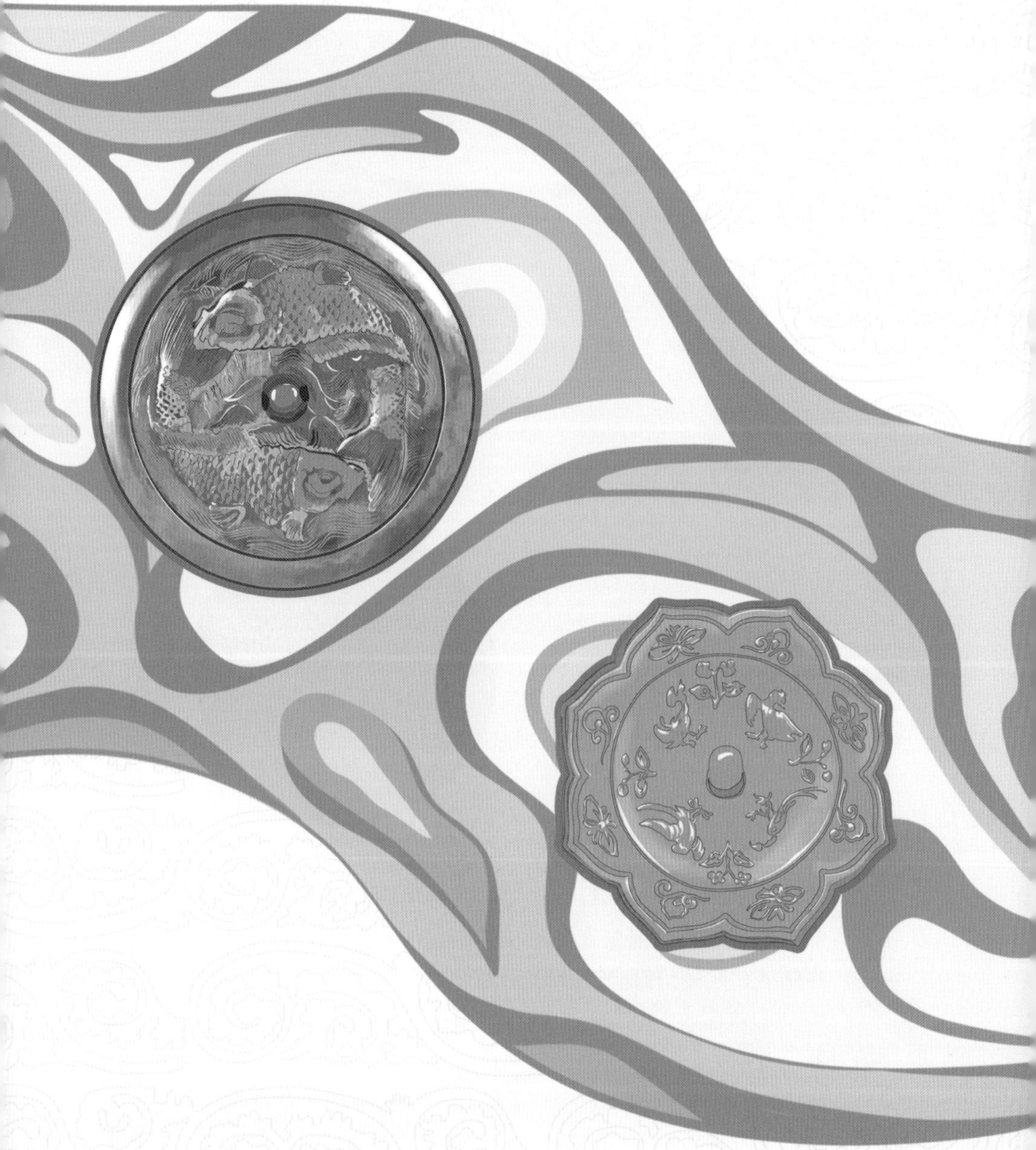

第一单元
轻灵奇巧战国镜

铜镜制作发展到战国形成了第一次高峰。纹饰由单纯素面或几何纹样发展到蟠虺（hui）纹、云雷纹、山字纹等多种式样。纹饰构建上也由纯地纹发展到有主纹与地纹之别的多层纹饰。同时，透雕合铸、错金银、镶金嵌玉工艺在铜镜上的应用是这一高峰期形成的标志。

斜线三角纹镜
春秋
直径10.6cm 厚0.7cm 重230g
辽宁丹东出土

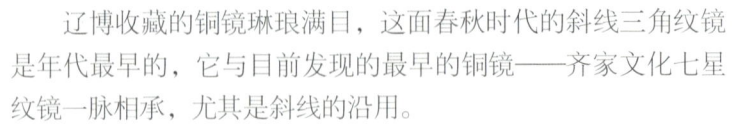

辽博收藏的铜镜琳琅满目，这面春秋时代的斜线三角纹镜是年代最早的，它与目前发现的最早的铜镜——齐家文化七星纹镜一脉相承，尤其是斜线的沿用。

在此镜的顶端大约三分之一处有两个半圆形的钮，铜镜背面填饰着三角纹，三角形内填饰着平行短线。该镜铸造较为粗糙，铜镜上的纹饰相对简单，多钮的造型以及纹饰构成方式都具有强烈的地方特色。

古拙质朴最年长

铜器纹饰变青山

四山纹镜

战国
直径14.7cm　厚0.4cm　重220g
原东北博物馆旧藏

  此镜素卷边，三弦钮，方钮座。铜镜的纹饰由地纹与主纹组合而成，地纹是羽状纹，主纹是"山"字纹与花瓣纹。凹面方格带的四角分别向外伸出两朵连着的花瓣，四组花瓣将铜镜背面分为四个区域，每区内有一个倾斜的"山"字，"山"字的底边与方格带的边平行，"山"字右上侧都有一片花瓣纹。
  "山"字纹镜流行时间是整个战国时期，"山"字数目三至六个不等，以四山纹最为多见。
  关于"山"字纹的含义，学术界有多种说法，目前最被广为接受的解释是："山"字纹由勾连雷纹的一部分放大而成。从战国铜镜纹饰来源看，不管是羽状地纹、云雷地纹，还是各种龙纹和兽纹，都可以在同时期或更早的青铜器上找到依据。因此，"山"字纹也应该是我们已认知的铜器纹饰的一种变体。

中国古代铜镜展

第二单元
奇幻超逸两汉镜

汉代是铜镜发展史上的第二个高峰期，上承战国镜，流风及于汉魏六朝。纹饰题材达到前所未有的丰富，有星云纹、博局纹、草叶纹、铭文吉语、车马画像、四神等。同时，铸镜工艺日趋精湛，铜、锡比例的合理配置使汉镜散发着高亮白光，成为青铜容器铸造业衰落后的一朵奇葩。

星云镜
西汉
直径13.4cm 厚0.55cm 重420g
原东北博物馆旧藏

星云连峰似龙蛇

此镜为连峰钮，钮外有一圈弧线形纹和弦纹，再向外是一圈连弧纹带，由16个内向的弧形组成。

星云纹镜是西汉才出现的镜种，由于背面布满乳钉，又称"百乳镜"。因为每个纹饰区有六枚小乳钉，外加七枚大乳钉，合成七宿（xiù），四区共二十八宿，加上峰钮共九乳，因此又称为"九曜（yào）二十八宿镜"。

有专家认为，这种图案的原型来源于体躯有众多乳突状的虺（huǐ），在西安汉墓出土的铜镜中便曾发现过虺纹镜。

尚方四神博局镜

东汉
直径18.2cm　厚0.7cm　重640g
辽宁省文物店收购

皇室御镜求长生

　　博局纹镜是汉代最流行的镜种之一，通常与其他主纹组合形成四神博局镜、鸟兽纹博局镜等。镜面上的纹饰直接来源于六博棋局，而六博戏又与古代占星术有关，反映了秦汉时期方术思想的流行。

　　此镜的背纹饰从内至外可分为镜钮、内区、外区、镜缘等几部分。外区由八枚圆座乳钉与博局纹间隔，装饰纹分别是青龙、白虎、朱雀、玄武四神兽，还有其他飞禽、瑞兽等纹饰。

　　镜背图案向外一圈的铭文内容是："尚方作镜真大好，上有山（仙）人不知老，渴饮玉泉食来枣。"一是表明铜镜的制作机构，二是反映当时人们求长生不老的思想。"尚方"是汉代为皇室制作御用物品的官署，刻有"尚方"铭文的铜镜大部分都纹饰巧致，制作精良。"玉泉"是一种药物，两晋南朝士人多以服食玉泉来求长生不老。

中国古代铜镜展

第三单元
气象万千隋唐镜

唐代铜镜不仅突破了之前以圆为主的形式，出现了菱花、葵花、方形、亚形镜，而且纹饰也突破了汉镜的刻板及图案化，布局灵活多样，题材丰富多彩，且有异域人文色彩。花鸟菱花镜、瑞兽葡萄镜、人物故事镜等，都反映着盛唐的气派，突出一种繁荣的氛围，充满了盛唐欣欣向荣的生活气息。工艺方面还出现了金银平脱镜、螺钿镜、贴金贴银镜等，成为后世铜镜铸造所无法超越的又一个高峰。

瑞兽葡萄镜
唐代
直径23.2cm 厚2.2cm
捐赠`

瑞兽葡萄纹镜又称海马葡萄镜、海兽葡萄镜、狻猊（suān ní）葡萄镜，流行于盛唐，多采用瑞兽、花鸟、葡萄等图案做装饰。

图案中的瑞兽为狻猊，古籍中早有记载，为龙九子之一。其实，狻猊就是狮子，早在汉代，西域驯兽师就把狮子带到了长安。唐代

包罗万象盛唐镜

佛教盛行，狮子是寺院守护神，又是文殊菩萨坐骑，因此狮子具有勇敢与智慧的象征。葡萄由汉武帝时张骞（qiān）出使西域带回中国，图案也是从波斯传入，在唐代之前，葡萄图案已经在丝织品上出现过，到了唐代，葡萄与狻猊纹饰一起铸在铜镜上，突破了汉镜规矩的格局，呈现出包容万象、海纳百川的盛唐气象。

唐朝是铜镜制作的鼎盛期，瑞兽葡萄镜最具代表性，镜背图案繁杂而不凌乱，内容丰富而结构紧凑，彰显了兼容并蓄的大唐气象。

雀绕花枝纹菱花镜

唐代
直径10.2cm　厚0.8cm　重320g
原东北博物馆旧藏

鹊影菱花满光彩

此镜为八瓣菱花形。围着镜钮铸有四鸟四花枝，相间环绕。四只鸟姿态各异，有的将羽毛收起，默然静立，有的扭项回首，展翅欲飞。四花枝形态也不同：两枝是双叶双花，另外两枝双叶双花苞。镜缘的八瓣中四瓣装饰的是蝴蝶，其余四瓣是云纹，相间排列。

花鸟镜是盛唐前后流行的镜种，多菱花形或葵花形，当时社会相对稳定富庶，诗意的花鸟纹也反映了当时人们的审美情趣。

中国古代铜镜展　173

第四单元
秀丽世俗两宋镜

　　北宋、南宋在继承传统的基础上,创新了任何朝代都无法比拟的众多新镜形,如钟形、盾形、鼎形、桃形等。两宋铜镜的纹饰有花卉、花鸟、龙纹、人物故事、八卦、吉祥语和商标名号等,其中尤以缠枝花草镜和双鸾、双凤镜最具特色,具有强烈的现实感和韵律节奏感。北宋花鸟镜和南宋商标名号镜,可以说是两宋铜镜的代表,也是宋代铜镜转变的标志。

轩辕镜

宋代
长19.4cm　宽14.25cm　厚0.8cm　重1kg
原东北博物馆旧藏

　　轩辕镜的名字出自宋代古籍,被认为是辟邪之物。
　　此镜为平面桃形,镜表有银白光泽,镜背上方有一凸起的平顶圆钮。镜钮下是一个用双线围成的方形框,两侧篆书铭文:"轩辕维法造丹药,百炼成得者身昌。"近底边处,用《易经》

辟祸去邪轩辕镜

174　辽宁省博物馆

六十四卦中的两个符号表示阴阳。镜背中间的长方形框分为上中下三部分，框内上方有楷书三竖行，每行四字或五字；中部是个较小的长方框，框内是一只浮雕老虎，扬尾回首；下部是一个更小的长方框，框内有"辟祸去邪"四个字。

龙家有镜云追风

铸款穿花四凤镜

宋代

直径24cm

　　此镜为圆钮，花瓣式钮座。一周弦纹将镜背纹饰分为内外两区，内区饰同向环绕的四奔兽，外区饰四飞凤，曲颈昂首，展翅而飞，三根细长的尾羽在身后飘浮，四凤间各有一株双花折枝牡丹，花朵间铸阳文楷书"龙家青铜镜"。四凤外绕一周八瓣菱形弧曲，弧曲外均匀分八朵流云纹。近缘一周弦纹，宽平缘。

第五单元
雅致不拘的辽镜

辽镜承继汉、唐镜遗风,又吸收宋镜风格,有其独到之处。如典型的龟背纹镜,采用方圆结合、层层分割、曲直相形的图案,形成独特的四合纹样。龙纹镜以其刚健犀利的细线刻技法,带来高超的艺术表现能力。菊花纹镜,更多地吸收了宋镜缠枝花草的韵味,细腻、柔美而雅致,更以其花形的镜形,达到镜、花合一的艺术效果。

菊花龟背纹镜

辽代
直径19.5cm

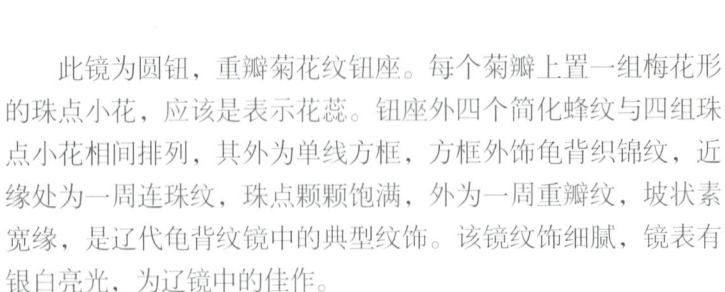

此镜为圆钮,重瓣菊花纹钮座。每个菊瓣上置一组梅花形的珠点小花,应该是表示花蕊。钮座外四个简化蜂纹与四组珠点小花相间排列,其外为单线方框,方框外饰龟背织锦纹,近缘处为一周连珠纹,珠点颗颗饱满,外为一周重瓣纹,坡状素宽缘,是辽代龟背纹镜中的典型纹饰。该镜纹饰细腻,镜表有银白亮光,为辽镜中的佳作。

龟上开花入佳镜

缠枝纤细瘦牡丹

缠枝牡丹纹大镜

辽代

直径29.8cm 厚0.8cm

辽宁辽阳白塔出土

此镜以圆形镜钮为中心，探出四根缠绕的花枝，三枝向左旋，一枝向右旋，修长蜷曲的枝蔓上花茎穿插交叠，花萼飘逸，枝顶的花瓣纤细秀丽，对称排列。纹饰区外有一周弦纹，镜缘是双圈菱形纹，呈坡形，无纹饰。

牡丹本是富贵花，但辽镜牡丹纹多以单线勾勒，纹饰扁平，缺少了唐朝花鸟镜花纹的肥硕与富贵之态。

第六单元
粗犷豪放的金镜

　　金代铜镜的主题纹饰非常丰富，其内容不仅有中原流行的图纹样式，也有反映本民族传统的内容，表现手法上也体现了本民族的特点，如金代的双鱼镜，采用浮雕的手法体现纹饰，给人以厚重的感觉，内容上也表现了女真人对渔猎习俗的执着。同时，金代的铜镜，无论是刻划双鱼、双龙、花枝或是人物、山石、树木，线条都比较粗犷，在看惯了宋镜的柔曼、纤弱之后，金代豪放的风格，令人耳目一新。

达摩渡海镜
金代
直径17.75cm

　　此镜外观呈八瓣菱花形，平顶钮。整个镜背满饰海水。钮左侧海浪中在一片云海中升腾起一座殿宇。钮右侧是身披袈裟的达摩，手持伞形法器在海浪中行走。

禅宗一脉广流传

整个镜面反映的是达摩祖师一苇渡江的故事。

达摩为印度高僧，梁武帝普通年间到金陵（今南京），武帝诏（zhào）迎对谈，因对于佛教修行及功德理解不同，达摩认为南方没有传法的环境，于是渡江到了中原，在少室山面壁九年，终创禅宗一脉，成为以后中国流传最广的佛教教派之一。

双鲤丰美祈万福

双鱼纹镜

金代

直径19.4cm　厚10.5cm　重1820g

原东北博物馆旧藏

此镜为平顶圆钮，主纹是浮雕的两条鲤鱼绕着镜钮腾跃，中间装饰海水纹。镜缘很宽，没有纹饰，镜边刻着"平州录事司官"及花押。

花押，是指在镜缘处官方的签名"认证"。由于金代战事频仍，官府对铜金属严格控制，大定十一年（1171年）后严禁私铸铜镜，一律改为官铸，铜镜铸成之后要经过官方签押才能使用。因此，金代铜镜在镜缘处都有花押，很多沿用下来的唐宋辽镜也被打上了押记继续使用。

中国古代铜镜展　179

第七单元
遗风余韵——元明清铜镜

元代铜镜的工艺已趋向衰落，一般沿袭宋金时代的铜镜图案，但纹饰已渐趋粗略简陋，同时各类形制不一的梵文咒语镜，也成为元代铜镜的一大特点。明代铜镜一般都比较大而且厚重，形制多为圆形，有柱形钮、圆钮和银锭钮，多纪年镜、吉语镜及带作坊名款的铜镜，纹饰有龙、凤和花草，并创新了一套八宝和杂宝图案，以表示吉祥如意。至清代，铜镜的铸造业已衰落，主题纹饰有龙凤、鱼、狮子滚绣球、双喜五蝠等。但明清两代的皇家造镜，亦不乏精品，散发着中国古代铜镜发展历史中的遗风余韵。

过海各自显神通

八仙过海云纹镜

元代
直径21.2cm 缘厚0.5cm

此镜的题材为民间传说的八仙故事。
镜背上的图案天水相连，上部有两只仙鹤在祥云间翩翩飞翔，下部海波起伏，浪花

翻卷，水上高浮雕八位仙人，形态各异，手持不同法器，飘然过海。镜为素宽缘，缘上有两处检验刻记，为"东平府录示司十四号官"及两花押和"官记"及一花押。

洋为中用金番莲

漆背描金花卉镜

清代

直径13.7cm　厚0.6cm

从洛阳市博物馆购入

西番莲，又称"西洋花""西洋菊"等，是欧洲生长的一种植物，茎干匍地而生，大叶五分如手掌，花朵如中国牡丹，夏季开白花，蕊平铺中心，能转动，俗称"转心莲"。另外，大丽花也叫作"西番莲"，亦称"大理花""天竺牡丹"。

番莲花纹由明代传入至清代盛行，多以缠枝、折枝形式出现。常作变形莲纹使用，花的造型多变，正侧均有，花蕊有心形、圆形和石榴形几式。

此镜无镜钮，镜背涂黑色漆，主题纹饰是描金番莲图案。这面铜镜原有挂鼻，现已脱失。

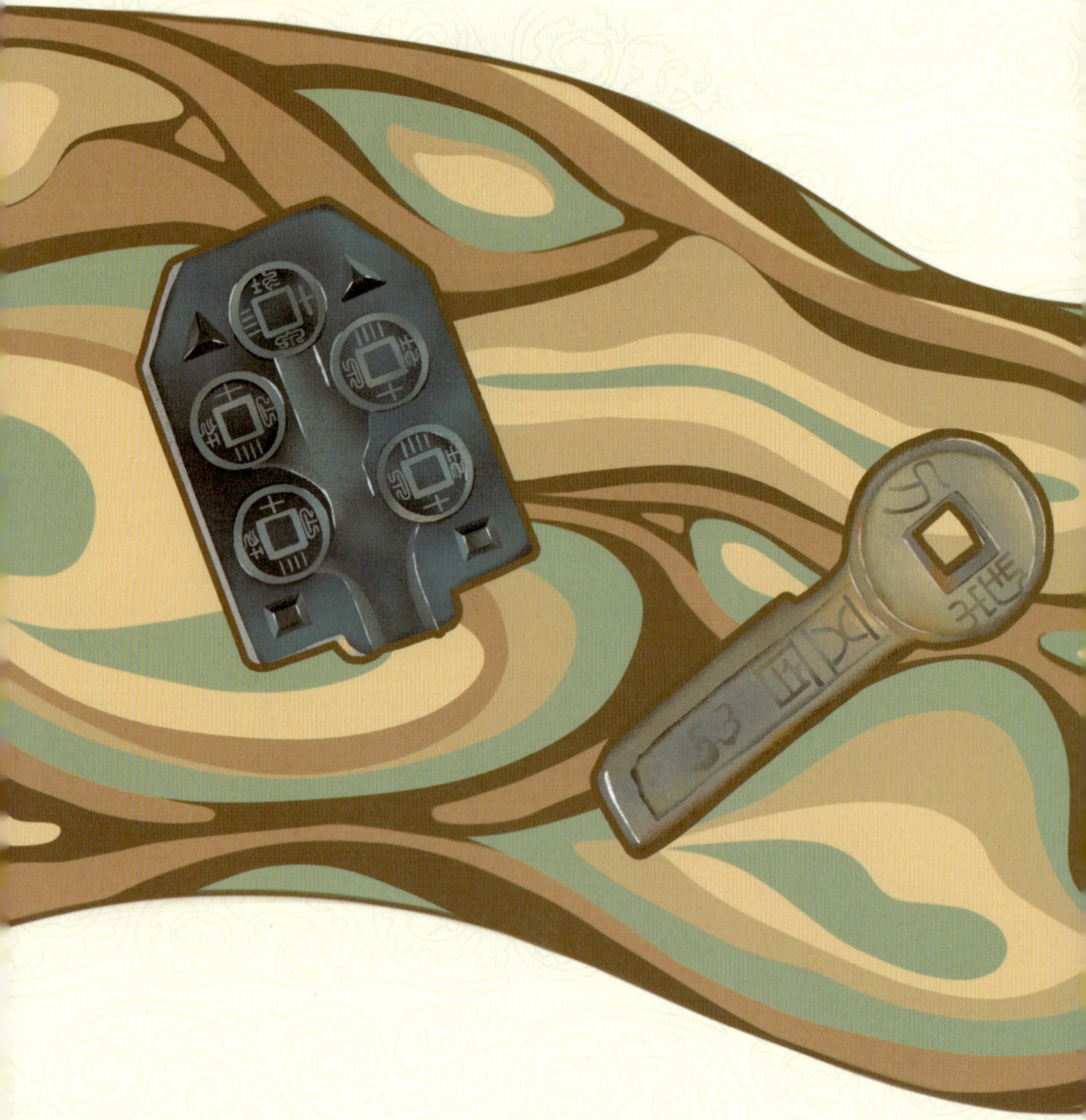

中国古代货币展

　　货币是商品交换的媒介，是商品交换发展到一定规模的产物。中国早期货币以海贝为主，春秋战国时期，列国争霸，各国铸刀、布、圜（huán）钱等多种形式的货币。秦统一六国，方孔圆钱推广全国，从此成为中国钱币的主要形式，一直延续至民国初年。北宋时期出现了世界上最早的纸币——交子。清代晚期受西方影响，中国开始铸造机制币，并发行银行纸钞，货币制度逐渐发生变革。在几千年的历史长河中，中国形成了以铜质为主，多元化的货币体系，直接影响周边国家的钱币铸造和流通。

第一单元
先秦货币
（前 221 年以前）

人类社会早期以物易物，随着商品交换的扩大，实物货币逐渐形成，海贝成为最为重要的实物货币形式。春秋战国时期，社会制度的进步和商品交换的频繁，使金属铸币逐渐取代了实物货币，由于当时社会的割据性和分散性，逐渐形成了多种金属铸币形式。这一时期货币形式主要有四种：布币、刀币、圜（huán）钱、楚币。

原始空首布

西周
长13.9cm 宽8.4cm 厚1.8cm

此货币是西周时期出现的一款仿制生产工具镈（bó）的金属货币。

镈是古代一种铲状农具，顶端中空，方便安装柄，因此称为"空首"。因为古人有时用镈交换东西，镈逐渐有了以物易物的功能。所以后来，就仿照镈的样子做成了货币。

为什么这种长得像镈的货币叫布？一种说法是，"镈"与"布"发音相似，于是"镈"就成了"布"，"空首布"便因此而来。

小小农铲当货币

"梁夸釿（jīn）五十当寽（lüè）"桥形布

战国
长6.1cm　宽3.9cm　厚0.22cm

这是战国时期魏国迁都大梁（今河南开封）后所铸的钱币。此币首部平，肩部或方或圆，双足部有桥弧形的孔，样子像拱桥，因此叫"桥形布"。其铭文"梁夸釿五十当寽"。铭文"夸"字有大而足值之意，"釿"是重量单位，"寽"也是当时的一种计量单位，"五十当寽"是指50枚此币相当于黄金一"寽"。

魏国是三家分晋后最先强大起来的国家，魏国迁大梁后，铸造了几种"梁釿当寽"布。楚国灭陈以后与魏国为邻，楚国在此区域流通的货币是银布币和黄金货币，均以"寽"为单位。同一种铸币的铭文有两种单位名称，并标明了两者的比价，这正是当时各诸侯国间、各城邑间经济联系密切、商业交换频繁的真实反映。

诸国商贸渐频繁

节（即）墨之大刀

春秋战国
长18.2cm　宽2.88cm　厚0.41cm

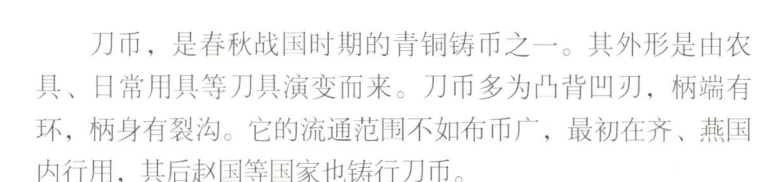

刀币，是春秋战国时期的青铜铸币之一。其外形是由农具、日常用具等刀具演变而来。刀币多为凸背凹刃，柄端有环，柄身有裂沟。它的流通范围不如布币广，最初在齐、燕国内行用，其后赵国等国家也铸行刀币。

刀币是根据其产地和形状命名的，如即墨刀、平首刀、直刀等，这款"节（即）墨之大刀"的铸造地是节（即）墨，为齐国城邑，在今山东省平度县东南。

齐刀一把作酒钱

中国古代货币展　185

文信封侯铸环钱

"文信"圜(huán)钱

战国

直径2.48cm 厚0.21cm

　　圜钱又称"圜化",简称"环钱"。主要流通于战国时的秦国和魏国。圆形,中央有一个圆孔或方孔。其外形由纺轮和玉璧环演变而来。圜钱出现较晚,战国晚期较为普及,流行于楚国以外的广大地区。

　　文信圜钱是秦孝文王元年(前250年)吕不韦被封为文信侯后在其封地"所铸"。钱文为左读的阳文篆书"文信"二字,形制为圆形方孔的圜钱。

第二单元
秦汉货币
（前221—220年）

公元前221年秦始皇统一中国，统一货币制度。"半两"钱推行至全国。汉初承秦制，使用减重"半两钱"。汉武帝元狩五年（前118年）罢半两，行五铢，创建五铢钱制。因五铢钱大小轻重适宜，深受欢迎，一直延续到隋，历时七百多年，是我国历史上行用时间最久、最成功的货币之一。

秦半两钱
秦代
直径3.52cm　厚0.28cm

半两方圆统天下

秦半两钱是秦统一后发行的货币。青铜币上的"半两"二字为小篆文字，是由秦国著名的政治家李斯所题写，它表示每枚重为当时的半两（即12铢），故称"半两钱"。

战国七雄时代，各国钱币形状不一，只能在各自的统治范围内流通。秦始皇统一六国后，统一货币，在战国秦半两钱的基础

中国古代货币展

上加以改进，圆形方孔的秦半两在全国通行，成为法定货币，结束了我国古代货币形状、重量不一的杂乱状态。

"秦半两"青铜币"圆形方孔"的钱币造型，成为古代中国货币的基本形式，方孔代表地方，外圆代表天圆，象征着古代天圆地方的宇宙观。"圆形方孔"钱币贯穿中国封建社会，沿用了2000多年。

五铢通行七百年

汉五铢

西汉

直径2.32cm 厚0.1cm

西汉后期和东汉铸行五铢钱。汉武帝元狩五年"罢半两钱，行五铢钱"，史称"郡国五铢"。

五铢钱为经济发展发挥了积极的作用，一直被沿用了700多年，成为中国货币史上流通时间最长的货币。

马蹄哒哒富贵身

马蹄金

西汉

长5.1cm　高3cm　底厚0.6cm

辽宁辽阳灯塔县出土

黄金货币状如马蹄，所以叫"马蹄金"。

西汉的黄金货币多为实心圆饼形。实心圆饼形金币在战国晚期已出现，稍后出现了中空圆形兽蹄形、中空马蹄形金币。

马蹄金为西汉武帝时所铸，铸行时间短，数量少。有的在使用时切割毁掉，因此留下的数量少，为稀世珍宝。现发现近百件，只海昏侯墓就出土48件。有的学者说"马蹄金"是祭天的圣物，不是用来交易的，也有的学者说"马蹄金"是用于赏赐诸侯的。

荧荧「钱绝」金错刀

一刀平五千

新莽

长7.4cm 首口径2.8cm

"一刀平五千"是汉代货币,王莽时期铸造,是方孔圆钱和刀币的结合,方孔圆钱部分叫"环柄",刀币部分叫"刀身"。此币还有一个名称"金错刀",它的独特之处在于,环部上下篆文"一刀"两字是特殊错金工艺,这是钱币最早的错金工艺。刀身部分铭文"平五千"三字是阳文,意思是一枚法定值5000枚五铢钱。

公元9年,王莽取代西汉,建立"新"朝,王莽曾四次改革币制,新莽时期货币种类繁多,等级复杂,造成了经济上的极大混乱。新莽货币文字隽秀,铸造精美,其中的"金错刀"堪称"钱绝"。其轮廓圆浑、铜色温润,错金字平且光灿,铸造美观精致。

"一刀平五千"是大额虚值钱币,很少在全社会流通。此币存量不多,为收藏界所珍爱,有诗句:"美人赠我金错刀,何以报之英琼瑶。"

第三单元
三国、两晋、南北朝货币
（220—589年）

三国两晋南北朝时期，战争频繁，整个中国处在割据的局面。近400年的时间里，中国先后经历了三国时期、西晋时期、东晋十六国时期、南北朝时期。政治上的分裂使得这一时期的货币具有混乱和倒退的特征。各个政权分散铸币，钱币种类空前复杂，在商业交易中也常常使用谷帛等实物货币。

北周三泉最精美

永通万国
北周
直径3.05cm 厚0.21cm

北周宣帝大象元年（579年），始铸"永通万国"钱，与布泉、五行大布并称为"北周三泉"。它们以铸工精整、书法优美而为后人珍视。其中，"永通万国"最为精美。

中国古代货币展

第四单元
隋唐五代十国货币
（581—979年）

隋统一全国，推广使用隋五铢。唐初沿用隋五铢。武德四年（621年）始铸"开元通宝"，宣告自秦以来"铢两"货币体系的终结。五代十国各铸本国钱币，钱币地域性强，主要在本地流通，有铜、铅、铁质，多数政权采用贱金属——铅、铁铸钱，但在商业贸易中也流通到其他区域。五代十国均大量使用唐代钱币。

隋五铢

隋代
直径2.35cm左右

开皇终结铢两钱

隋五铢是中国古代钱币的一种，隋文帝开皇元年（581年）始铸，又叫"开皇五铢""置样五铢"。钱文"五铢"二字篆书，笔画精整，边缘较宽，面无好廓，"五"字上下左端有竖纹，钱背肉好均有廓。

早期直径2.4厘米，晚期直径逐步减小，多集中在2.35厘米左右。早期重三克以下，大部分重量集中在2.7克到2.8克之间。后隋炀帝在扬州开炉鼓铸夹锡五铢，铜色发白，世称"白钱"。另有铁钱。

开元钱制传千年

开元通宝

唐代

直径2~2.6cm

唐高祖武德四年（621年）废五铢，铸行"开元通宝"。钱文隶书，早期"开元通宝"钱文由欧阳询书写，当时规定1000文开元通宝重六斤四两，十枚"开元通宝"钱重一两。开元通宝的铸行开创了"通宝钱制"，历时1300余年，对中国古代社会货币经济影响巨大。

唐玄宗李隆基有个年号是开元，因此许多人认为"开元通宝"是年号钱。其实，并非如此。"开元通宝"在唐代初年就已经铸造，由欧阳询亲自题字，而李隆基生于盛唐，二人生活年代相差百余年。

武宗毁佛铸铜钱

会昌开元

唐代中期

直径2.3~2.4cm　厚0.11~0.15cm

"安史之乱"后，唐由盛转衰，发生了严重的"钱荒"。武宗会昌五年（845年），发生了中国历史上又一次毁佛事件，当时寺庙遍布，官府供给众多僧尼生活花销，负担沉重。唐武宗诏令废灭天下佛教，废除寺院，并将寺庙佛像、法器炼化铸造"开元通宝"钱。

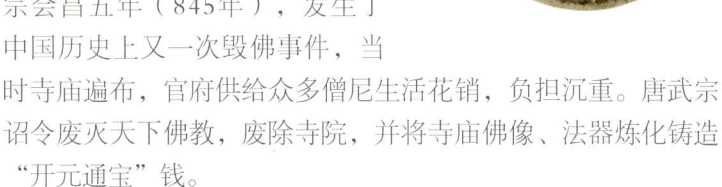

中央政府令地方铸"开元通宝"钱时，在背面加铸各地的简称，史称"会昌开元"。几乎每枚"会昌开元"钱的背面都铸有州名，如昌、京、洛、益等共23类。"会昌开元"应有背文25种，现23种已见实物。

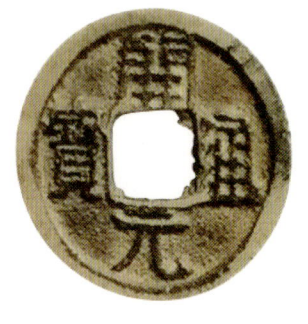

中国古代货币展

第五单元
宋代货币（960—1279年）

伴随着商品经济发展，宋代货币经济日益活跃，促进了货币的多元化和多样性发展。流通领域既有铜、铁钱，又有金、银、铅质钱，也产生了世界上最早的纸币——交子。

淳化元宝真体钱文

淳化元宝（对钱）

北宋
直径2.41cm　厚0.13cm

"淳化元宝"于宋太宗淳化元年（990年）始铸，有青铜、铁两种材质，太宗赵炅（jiǒng）亲笔以真、草、行三体书写钱文，开创了宋钱多书体的钱制形式，也是见于记载的最早御书钱。这种不同书体搭配成对的钱，俗称"对钱"，其雏形源自南唐，到了宋代则成为其钱币的一大特色。南宋淳熙七年（1180年），对钱停止铸造。

淳化元宝草体钱文

淳化元宝行体钱文

皇帝提笔书"对钱"

徽宗御书古钱绝

崇宁通宝

大观通宝

宣和元宝

徽宗钱
北宋
崇宁通宝，直径3.51cm　厚0.25cm
大观通宝，直径3.28cm　厚0.27cm
宣和元宝，直径2.38cm　厚0.16cm

　　赵佶（jí）（1082—1135年）庙号徽宗，在位期间，铸有建国、圣宋、崇宁、大观、政和、重和、宣和等钱币。
　　赵佶自创瘦金书体，横划收笔带钩，竖下收笔带点，撇如匕首，捺如切刀，竖钩细长，连笔有如游丝飞空，运笔瘦硬。崇宁通宝、大观通宝、宣和通宝等，钱文皆瘦金体。赵佶御书钱币堪称中国古钱一绝，不仅铸造精美，且有书法艺术成就。

中国古代货币展

北宋交子旧版拓存

北宋

版心长16.3cm　宽9.3cm

纸币交子始出世

宋初，四川地区盛行铁钱，体重值小，携带不便。于是商人私做"楮（chǔ）券"，称为交子，也称钱引，代铁钱流通。

宋代纸币有交子、钱引、会子、关子、银会等种类。由于私营交子的信用得不到保证，官营交子应运而生。益州（治今四川成都）交子务是世界上首个发行纸币的官方机构，其发行的官交子也被认为是世界上发行最早的纸币，比欧洲纸币早了600多年。

交子用纸是用楮树皮制造的，故有人用"楮币""楮券"指宋代纸币。交子这种纸币不易保存，到目前为止，发现的唯一出土的"交子"为日本人收藏。国内现在只有辽宁省博物馆藏的这块原始印版拓片，是国内研究纸币发展史的唯一实物资料。

陈二郎十分金金铤（tǐng）

南宋

足色黄金二郎作

黄金，自古以来就是财富的象征，从进贡、赏赐还有装饰等各种功能看，一直都被朝廷所倚重。从战国的纯金贝、金箔，到汉代的金饼，再到大唐盛世黄金的使用，黄金凭借其耀眼的光彩、稳定的属性，成为人们心中财富的象征。

南宋黄金货币因为价值高，并不直接参与日常的商业流通，主要用于兑换钞引、缴纳赋税、赏赐、上贡、军费和国费开支等。

该铤铭文"陈二郎"是金银匠名，"十分金"表示黄金成色，即足色。

第六单元

辽、西夏、金、元货币
（907—1368 年）

辽、西夏、金、元是北方少数民族建立的政权，各自实行不同的货币制度，这些铸有本民族文字和汉字的铜币，不乏珍品，是中国古代钱币中非常宝贵的部分。

天赞通宝
辽代
直径2.43cm　厚0.13cm

辽由契丹人建立，建国初期主要使用宋钱，钱币主要是由中原输入的，流通范围以南部的农业区——汉人居住地区为主。至于辽朝何时开始铸钱，目前尚难界定。在存世的年号钱中，最早的是辽太祖天赞年间（922—926年）的"天赞通宝"，青铜质，钱文隶书。

年号最早称『天赞』

千秋万岁
辽代
直径4.15cm　厚0.5cm

千秋万岁祝寿辰

辽早期钱文字体拙朴粗犷，未脱晚唐五代钱币气韵。契丹立国之初，原无文字，从千秋万岁的钱文上，还可以看出以汉字字体为据，增减笔画的痕迹。"千秋万岁"钱有龙纹、凤纹、龙凤、双凤、双剑等各种图形背纹，其中龙纹的是辽统和年间（983—1012年）皇帝生日的纪念币。

中国古代货币展　197

> **小知识：西夏货币**
>
> 西夏是以羌族分支党项族为主体建立的。建国前民间多物物交易，后以军事压力迫使宋以"岁赐"形式进贡，长期使用宋币。建国后也自铸币，材质铜铁并行，钱文包括汉文、西夏文两种。

先钱后钞铸币少

泰和重宝

金代
直径4.51cm　厚0.31cm

金为女真首领完颜阿骨打建立，建国40余年不曾铸钱，最初使用宋、辽铜钱，之后钱钞、银钞并用。

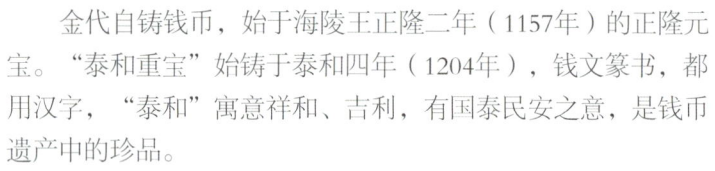

金代自铸钱币，始于海陵王正隆二年（1157年）的正隆元宝。"泰和重宝"始铸于泰和四年（1204年），钱文篆书，都用汉字，"泰和"寓意祥和、吉利，有国泰民安之意，是钱币遗产中的珍品。

金代流通货币先钱后钞，金末通货膨胀，民间则多以白银交易。因此金后期铸币量很小，较为罕见。

法定银币数第一

承安宝货

金代
长4.7cm　最宽3cm

"承安宝货"是金代白银货币，流通时间短、铸量稀少，存世极罕，是中国历史上第一次由政府发行的法定流通银币，是中国货币史上的一重要节点。

纸币推行无死角

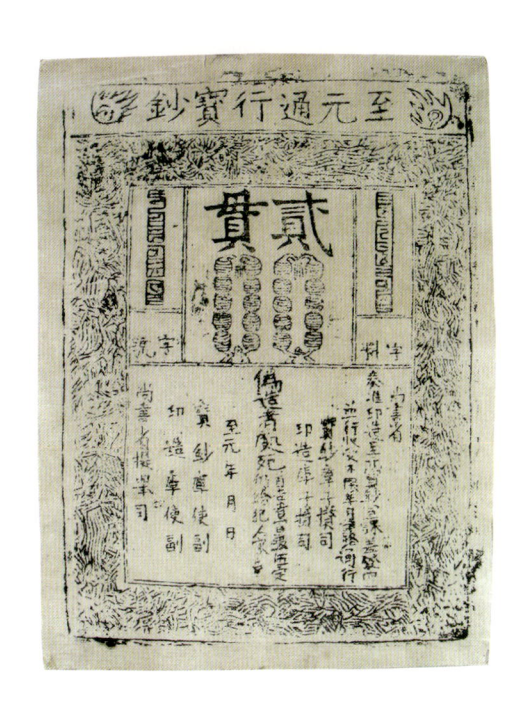

至元通行宝钞

元代

长21.9cm　宽21.6cm

元代纸币良性流通，非常成功，是中国货币史上的里程碑。元政府疆域广阔，元代纸币发行量大。元政府强制流通纸币，不限年月，不留死角，边远地区也一律通行纸币。元代颁布了严格的钞法，从中央到地方，管理有序。在"至元通行宝钞"贰贯和伍佰文正面有明显的"伪造者处死"提示。

元朝政府推行纸币，因此铸钱不多，但钱币种类繁杂，大体可分为两大类：一类为法定官钱，即官铸流通钱，仅铸于世祖、武宗、顺帝三朝，其中除通常行用的铜钱外，还有元末权钞钱；二是供养钱和纪念钱。

元代主要流通纸币，先后发行过中统元宝交钞、至元通行宝钞、至大银钞和至正年造中统元宝交钞，其中至元钞法成为中国古代纸币制度最完善的法律。

至元通行宝钞始印于至元二十四年（1287年），面值有11种。"至元宝钞"文字、图案大体相同，尺寸大小随面额不同而不同。自发行起，至元钞流通了60年，是元代流通中最重要的货币。

中国古代货币展　199

第七单元
明代货币（1368—1644年）

明代农业和商品经济发展迅速，手工业出现了雇佣关系下的规模生产，大币值货币需求大增。政府推行钱钞兼行，明朝初期纸币为主，到了明代中后期，白银则成为流通领域的主要货币。

万历通宝
明代
直径2.4~2.5cm　重3.4~4g

神宗铸钱样繁多

明有十七朝，自太祖至武宗十一朝，仅洪武永乐、宣德、弘治铸钱。世宗至思宗六朝，嘉靖、隆庆、万历、泰昌、天启、崇祯历朝均铸钱。明代称本朝官炉钱为"制钱"。

崇祯十七年（1644年），清军入关。明朝一些宗室藩王继续使用大明年号，在南方先后建立过几个政权，史称南明，其中四个政权铸造过钱币。

"万历通宝"始铸于明神宗朱翊（yì）钧万历四年（1576年），版别繁多，光背者较常见，少数钱背有"天""公""正""江""河""厘"等字，其中"厘"表示值银一厘。万历通宝背"河""户"者极少见。此外，还有银质"万历通宝"钱。

宝钞贬值行废止

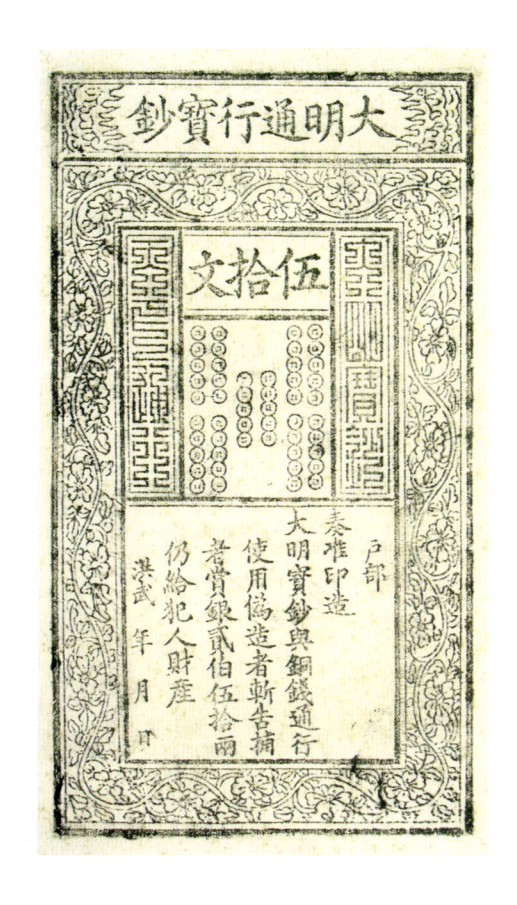

大明通行宝钞

明代

长34cm 宽22.2cm

　　明初行用铜钱，洪武七年（1374年）九月设立宝钞提举司，次年三月发行"大明通行宝钞"，面值共11种面额。"大明通行宝钞"是古钞中票幅最大的钞票。宝钞在开始流通的20年内比较稳定，后期贬值严重。到弘治、正德年间，宝钞已经废止不行，纸币流通名存实亡。

第八单元
清代货币（1644—1911年）

清代币制为银钱平行本位，虽以银为主，民间仍惯用铜钱。顺治元年（1644年）各省设局始铸造以年号为名、钱背以满文纪局名的铜钱。此种钱制一直延续至清末。清代晚期，外国势力进入中国，货币种类繁杂，包括传统的白银、纸币、铜钱，新式的银元、铜元，也有外国流入的银元和外国在华开办银行发行的纸币。中国传统币制逐渐为新式货币取代。

天命通宝

清代
满文，直径3.85cm　厚0.25cm
汉文，直径2.63cm　厚0.15cm

满汉双文帝王币

"天命通宝"是清入关之前的铸币。努尔哈赤在明神宗万历四十四年（1616年）建国称帝，同时用满汉双语铸造了两种钱币——"天命汗钱"和"天命通宝"。

努尔哈赤称帝后，年号叫天命，"汗"是帝王的称呼。当时满人多不用钱，钱大多用作装饰品。两种钱有青铜质、红铜质与黄铜质，版别多。小炉铸钱，内外边沿多不齐整，轻重厚薄不一。

从1644年顺治皇帝入关定都北京，清代共历10帝，各朝皆铸钱币，为后世留下了丰富的钱币实物。清代钱币行使区域非常广阔，西北到喀什、伊犁，西南到打箭炉（今四川省康定市），南及南海诸岛，均有流通。

> **小知识：三藩钱币**
>
> 　　明末降将吴三桂、尚可喜、耿继茂被清廷封王，史称"三藩"。吴三桂为平西王时在云南所铸钱币，以及三藩叛乱后吴三桂、吴世璠、耿精忠所铸钱币，统称为"三藩钱币"。由于三藩铸制的钱币时间短、数量少，现今已成为海内外珍品。

铜元

清代

直径2.35cm　厚0.12cm

　　晚清时期，随着制钱制度的崩溃，铜元作为一种新型的辅币迅速取代制钱。新式铜元主要有"光绪元宝"和"大清铜币"两大类，面值仍沿用"制钱"体制。

　　光绪十二年（1886年），福建开始用机器制造方孔圆钱。其后，广东率先引进西方机铸币技术，先后铸造"光绪元宝""大清铜币"铜元。中央及各省相继铸造，铜元逐渐代替铜钱而成为主要小额流通货币。无孔圆钱取代延用2000多年的方孔圆钱，我国铜铸币形制进入一个新阶段。

银元

清代

直径2.82cm　厚度0.25cm

　　光绪十二年（1886年）两广总督张之洞购进由英国伯明翰喜敦造币厂生产的造币机，并在广州筹建"广东钱局"。光绪十五年（1889年）广东钱局试铸银元成功。银币正面图案刻有汉、满文"光绪元宝"，背面是蟠龙纹，因此被称为"龙洋"，投入社会流通后，很快被人们接受。至此后，各省纷纷仿制。共有19个省局铸造，除中央户部，地方省所铸铜元，皆在其正面上缘镌写省名。

机制铜元代孔钱

广东钱局龙洋先

中国古代货币展

> **小知识：在华流通的外国银元**
>
> 外国银元流入中国始于明清之际，乾嘉之后，随着中外贸易日趋繁盛，外国银元大量流入。咸丰以前，流通最广的是西班牙银元，而后是墨西哥银元、英国银元、日本银元、安南银元、美国贸易银元等。

户部官票

清代

长24.8cm 宽14.8cm

钞票轻轻天下行

户部官票简称官票，是咸丰三年（1853年）正式发行的纸币，以补充清政府财政支出。

太平天国运动爆发后，清政府的财政难以支撑，不得不再次发行纸币，于是，咸丰皇帝下旨发行户部官票和大清宝钞。光绪年间为了解决财政困难，改革图强，清政府设立了国家银行——大清银行，发行兑换券。除中央政府发行的纸币外，晚清社会上流通的纸币种类繁多，有钱铺、银号、当铺、票号等民间金融机构发行的纸币，也有官钱铺、官银局等地方银行性质的金融机构和地方官府发行的纸币。

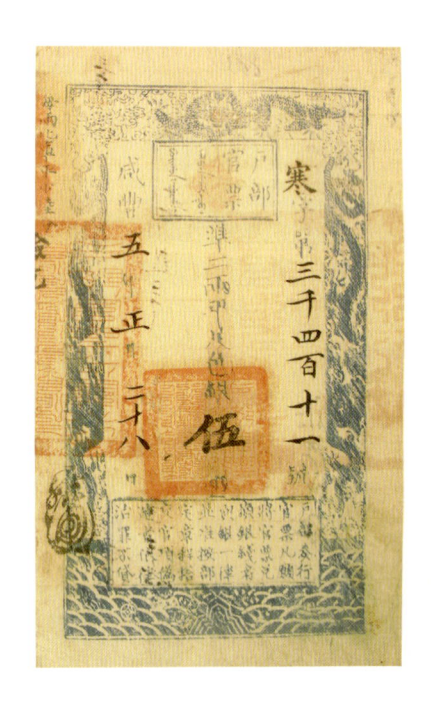

官票以银两为单位，又称银票。官票不能兑现白银，发行后流通受阻，很快贬值，流通不到十年。清政府还印制了"大清宝钞"与官票并行，"大清宝钞"以"钱制"为单位。后来人们把"官票"和"宝钞"合称"钞票"，"钞票"一词现在人们还在使用。

清代纸币形制统一，较前朝稍进步的是加了编号和冠字。

第九单元
深受中国影响的越南、朝鲜、日本钱币

日本、朝鲜、越南以及其他东南亚许多国家和地区都深受中国钱制的影响，长期铸行与中国钱币一样的方孔圆钱。唐宋以后，这些国家所铸的以年号为主的汉文钱币开始通过各种渠道与方式大量流入中国境内。

朝鲜货币：常平通宝

朝鲜半岛，与我国一江之隔，中国货币曾在朝鲜半岛广为流通。996年开始朝鲜仿铸中国唐"乾元重宝"背"东国"铜钱。1633年，以常平厅的"常平"二字铸"常平通宝"，使用200余年。该钱为朝鲜钱币重要代表，使用时期最长，一直使用到19世纪末。

常平通宝

越南货币：保大通宝

自汉武帝时期开始，中国各朝货币就在越南流通。10世纪中叶，越南建立了独立国家，引进中国的钱币形制铸钱。此后1000多年，越南一直行用方孔圆钱。保大帝统治时期（1932—1945年）铸有"保大通宝"钱，1955年，"保大通宝"正式废止。

方孔圆钱始于中国战国时期，终于越南20世纪50年代，使用了2000余年，"保大通宝"也是全世界最后的圆形方孔钱。

保大通宝

异国货币仿华钱

第十单元
民俗钱

民俗钱又可称为压胜钱或花钱，是我国古代钱币的一个支流，自西汉始铸以来，历代均有铸制。它不是流通钱，大都是民间为压邪取吉制作，主要用于馈赠、喜庆、供养、佩戴、玩赏、占卜等。

打马格钱（赵将廉颇）

直径2.8cm　厚0.15cm

民俗钱不为流通，而是为了玩赏，有趋吉避邪的心理作用。西汉开始铸造，北宋盛行，历代均有铸制，种类多，数量多。人们在生活中用于赠送、佩戴、玩赏、占卜等。

民俗钱的币面上常有"孝弟忠信""富贵寿考"等吉祥文字，还有的铸上了图腾。

打马格钱是民俗钱中的一种钱形游戏棋。其铸有各种马的图像，有的在另一面铸有马的名字或骑马将军的名字，如"赵将廉颇""汉将李广"等。此钱币在民间也被当作博弈游戏的棋具，小小的币面上，马的形状各异，有跑的，有跪的，有打滚的，有腾跃的，其生动的形象为收藏者所爱。

钱不流通为赏玩

第十一单元
中国古代钱币铸造工艺

中国是世界上铸造钱币最早的国家之一,至迟在春秋中晚期我国已经开始铸造钱币,在中国古代2500年的铸币发展史中,大致经历了平板范竖式浇铸、叠铸、母钱翻砂、机器锻压制造四个阶段。

新莽壮泉四十钱范

西汉

长12.9cm 宽7.9cm

"泉"与"钱"的古音相通,又因为货币流通像泉水流通,人们就习惯称"钱"为"泉"。

"壮泉四十"钱是王莽始建国二年(10年)推行"宝货制"时发行的"六泉十布"之一,流通时间短,存世少,钱范更是难得。

"钱范"是铸造钱币的模范。此钱范为李佐贤藏品中的绝品,其著作《古泉汇续》中有记录。钱范为铜质,下端正中间有浇铸口,范内共有币模五枚,阴文"壮泉四十",即一枚"壮泉四十"可以换40枚五铢钱。

钱范罕见君今见

中国古代货币展

辽代陶瓷展

　　公元10世纪初,契丹人在中国北方建立了一个强盛的王朝,史称"辽"或"契丹"。在历时二百余年的统治时期内,辽王朝创造了独具地方色彩和民族风格的文化,以实用为主,兼具装饰美感的陶瓷制品是其重要内容之一。

　　辽代陶瓷主要包括在辽王朝辖境内烧制的瓷器、釉陶器和素陶器等,造型装饰和工艺技法在保留契丹传统元素的同时,亦广泛吸纳了中原及其他域外文化的优秀成果。著名的鸡冠壶、长颈瓶、鸡腿坛、海棠盘等,造

型独特，工艺质朴，是辽代陶瓷中的代表性品种；常见的碗、盘、碟、盏等，既反映出中原诸窑系的特征，又富含率真自然、粗犷大气的本土风格；承袭唐三彩工艺传统的"辽三彩"，图案简洁，彩釉明丽，将中国古代低温釉陶技术推向了又一高峰。

辽代陶瓷被誉为"中国陶瓷史上的一枝奇葩"，其内蕴的契丹民族的文化审美、装饰韵味和精神力量，对草原文明的进程产生了深远影响，至今仍予人无限的遐想空间。

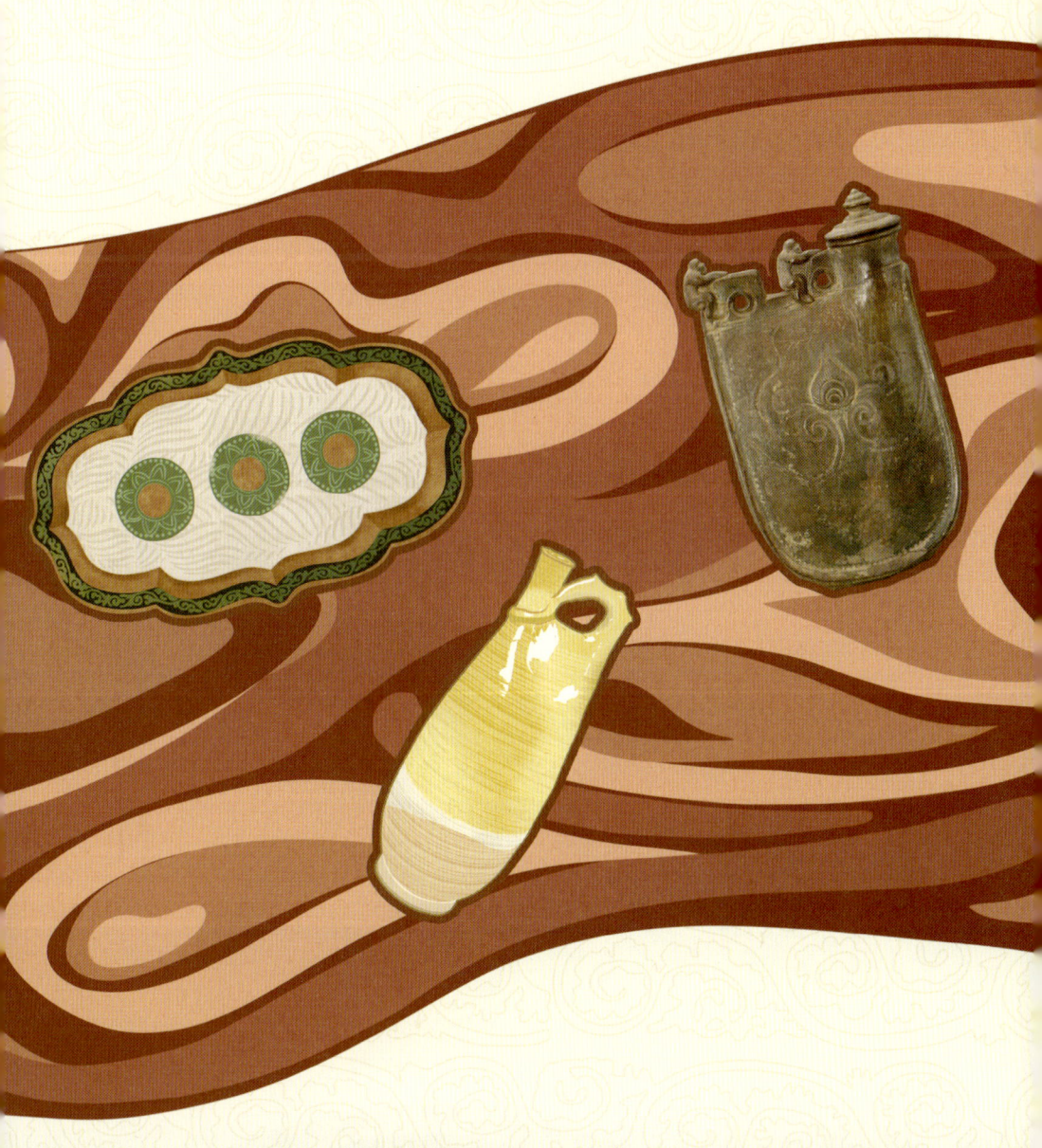

第一单元
奇姿巧制 别具一格

辽代陶瓷的造型和纹饰具有浓郁的游牧文化气息，蕴含了契丹人特有的生活习俗和审美情趣。鸡冠壶、凤首瓶、长颈瓶、鸡腿坛等品种姿态奇异，作为容器既可储水，亦能装奶盛酒，实用性很强，是适应北方草原游牧生活的产物。执壶、净瓶等分别带有一定的雅居和宗教色彩，反映出契丹人生活方式和精神信仰的变革。纹饰题材以本土花卉最为常见，线条简约粗放，体现了辽代陶瓷质朴实用的特点。

茶末绿釉长方口单孔鸡冠壶

辽代
高22.8cm　腹径21.6cm×20.3cm

鸡冠壶因其提系部位形似鸡冠而得名，又称皮囊壶、马镫（dèng）壶，源于北方游牧民族使用的皮囊制品，为了防止液体外流而精心设计。从造型上看，鸡冠壶一般分为穿孔式和提梁式两个系列，穿孔系列是契丹人固有的造型，便于穿扎绳链以固定在马背上；提梁系列的最早样式见于中原，后被输入移植到辽境，并得以流行。

此壶器身扁圆，壶身上的单孔便于固定在马背上携带，故又称"携壶"。

单孔皮囊契丹样

绿釉贴塑番人火珠纹双孔鸡冠壶

辽代

高26.7cm　腹径16cm×8.1cm

辽中期，鸡冠壶逐渐由矮胖浑圆向扁身瘦高发展。穿孔式鸡冠壶除保留皮囊形象外，在装饰方面更趋完美。这件器形较为扁平，双峰后部各塑一番人攀附其上，壶腹边缘有凸棱仿皮囊接缝，腹壁两侧刻卷草花纹，纹饰简洁明快，优美自然，妙趣横生。

番人，是中国古代对周边少数民族和外国人的称呼。

番人闻香攀鸡冠

淡绿釉捏梁鸡冠壶

辽代

高27.2cm　腹宽10.7～10.9cm

这件鸡冠壶一改早期扁体造型，壶腹呈近圆形，苗条清瘦。直流圆口，提梁有捏花痕，施淡绿色釉，整体挺拔劲健，颇具阳刚之美。

自辽代中期开始，以定居生活方式为主的契丹人逐渐增多，中原和西域的家具开始在契丹地区流行，高身提梁式鸡冠壶更适合使用。淡绿釉捏梁鸡冠壶是这一类型的代表样式，器表所施的淡绿色釉，洁净素雅，在同类器物中难以见到。

瓷壶从此守毡房

辽代陶瓷展　211

有凤临风姿怡然

黄釉划弦纹凤首瓶

辽代

高36.8cm 腹径13cm

  凤首瓶因颈部之上堆塑凤首而得名，最早源于西域诸国流行的一种银质把壶，唐代传入中原地区，时称"胡瓶"。

  辽代凤首瓶出现于辽代中期，器型多为花式口，颈部较粗，腹部雄浑，凤首雕刻精细，眼、耳、喙（huì）等均清晰可见，凤口衔珠，生动逼真。辽代晚期至末期，凤首瓶的制作工艺呈衰退之势，瓶身各部分比例失调，花式口演变为杯形或喇叭形，凤首雕刻技术粗劣，五官模糊不清，失去了往昔的凤形。

  此瓶是辽瓷中少见的精品，凤冠形的花式杯口，凤首张目曲喙，眼、耳、鼻、眉、喙皆具，竹节状的长颈，广肩敛腹，底足外展，全器如矗立于风中伸颈敛翼的凤鸟，栩栩如生。

白瓷划莲瓣纹净瓶

辽代
高29.4cm 腹径14.8cm

　　净瓶又称军持,源于古代印度,为佛教僧侣"十八物"之一,游方时随身携带,用以贮水或净手。
　　辽代净瓶的样式具有自身特色,与同时期的长颈瓶、凤首瓶等器型相 类。陶瓷净瓶的使用,表明佛教文化已经传入辽王朝,并深深植根于契丹民族文化之中。
　　辽代军持的造型受到河北定窑瓷器的影响。此瓶呈竹节状,腹部刻花 莲瓣纹,构图疏朗简括,笔触豪放活泼,釉质凝重深沉。

水流手净心亦静

一枝牡丹为谁绽

黄釉划牡丹纹长颈瓶

辽代

高36.3cm　腹径14.2cm

　　长颈瓶因细长的瓶颈而得名，为辽代常见的实用性器皿，主要盛装水、奶、酒等液体，也有一部分用于插花。材质以白釉或白瓷为主，主要在辽中期以前流行。

　　辽代晚期长颈瓶的瓶口发生了很大的 变化，由早期的浅盘形递变成喇叭形，器身 愈加修长，腹部变得瘦高，肩颈部多划有弦纹，以各色釉陶为主。

　　此瓶通体施鲜艳的黄釉，颈有弦纹，腹部刻划一枝盛开的牡丹，线条犀利，做工精湛，应为这一时期辽代贵族使用的器皿。

摘得青瓜为我壶

绿釉锥刺纹贴花瓜形执壶

辽代

高14.3cm　腹径10.6cm

　　执壶是隋代中原地区出现的一种器物造型，又称"注子""注壶"或"偏提"，作为酌酒、注茶和调味剂的容器，唐宋时期传入辽境。执壶多与稍大于壶腹的注碗相配，碗内盛装热水用于温壶。辽代执壶在形制上富于变化，一部分直接模仿中原壶样，一部分糅（róu）入契丹地域文化符号。

　　辽代地区盛行模仿自然物的造型制作 执壶，其中瓜形执壶是最具特色的一种。

214　辽宁省博物馆

第二单元
釉彩纷呈 存素流辉

辽代窑工将中原地区成熟的窑业技术与本土工艺审美相融合，就地取材，创烧了独具特色的釉陶器和素陶器。其中，白瓷深受定窑影响，工艺最为精湛；单色釉陶器属于传统的低温铅釉系统，以黄、绿釉为大宗；白釉绿彩器和白釉黑花器颜色对比鲜明，纹饰率意别致，具有浓郁的乡土气息；辽三彩集黄、绿、白三种彩釉于一体，艳丽明快，是辽代陶瓷中最华丽的品种；未施加任何釉彩的灰陶器承袭了北方地区原始灰陶的工艺传统，制作朴拙，造型生动，反映了契丹人师古却不泥古的创造精神。

白瓷花式渣（zhā）斗
辽代
高11.4cm 腹径9.8cm

辽代白瓷深受定窑白瓷烧造技术的影响，在造型和装饰上均显现出定窑工艺的痕迹，素有"北定"或"土定"之称。

渣斗，为古代宴乐盛装鱼刺、兽骨的日常饮食器物，最早的渣斗出现于唐代。此外，渣斗还可盛装人的唾液，故亦称"唾盂（yú）"。

此件渣斗应是内蒙古赤峰缸瓦窑的产品。缸瓦窑是一座辽瓷官窑，也是辽国最大的瓷窑。

盛宴有器唐人始

辽代陶瓷展　215

绿釉印水波花卉纹碗（左）／黄釉印水波钱纹碗（右）

辽代

左，高5.2cm　口径13.2cm

右，高3.5cm　口径13cm

　　这两件碗为单色釉陶器，属于低温铅釉，此工艺在辽代中期开始兴盛，制品以黄、绿釉最为丰富，白、黑、褐釉次之。其中，黄釉陶色泽明亮，釉层中隐现浅淡的条状纹理；绿釉陶色调深浅不一，多为沉稳庄重的墨绿色。辽代的单色釉陶器常和模印工艺结合起来，在印制的花纹之上施以深沉的釉色，增加了瓷器的自然美感。

　　水波花卉纹碗为粉红陶胎，侈口，圈足，施绿釉，外壁施釉不到底。内壁印缠枝牡丹、水波纹各一组，碗心印有一朵菊花纹，花纹精致，色彩艳丽。

　　水波钱纹碗为典型的黄釉陶碗，碗外壁压印一圈折纸花纹，内底压印着随风翻腾的水浪，一枚方孔环钱飘浮在水的中央。这种图案常出现于辽代碗、盘等器物的内壁，多由模具压印而成，寓含财源滚滚、财运亨通之意。

水映丹花添祥瑞

白釉黑彩鸡形倒流壶

辽代 — 金代

高18cm 腹径12～14.1cm

愿得时光如水流

　　白釉黑彩又称白釉黑花，俗称铁锈花白瓷，属于釉上彩装饰，是辽末金初新出现的釉彩品种，传世数量不多。此类瓷器在白釉上施加黑彩，或点或涂或画，底色和纹饰之间形成黑白反差，风格相比于磁州窑白地黑花制品更为朴拙粗率。

　　倒流壶是北方草原地区常见的壶式，便于马上携带，无论壶体怎样摇晃，里面的液体都不会轻易外泄。它逆反了传统的壶顶注水法，壶底中心有一通心管，又称内管壶，注水时，将壶倒过来，水从壶底注进壶里，壶放正后水亦可倒出。其奇妙的设计和复杂的工艺充分体现了古代工匠的智慧。

　　此器被塑成鸡形，器身随意点洒褐色的斑点，突出了鸡羽的质感，栩栩如生。

三彩釉印水波三花纹海棠盘

辽代

高3cm　长31cm　宽18cm

  在辽代低温釉陶工艺技术的推动下，三彩釉陶器于辽代中期出现，期流行。有别于唐三彩和宋三彩，这种自成体系的三彩器被称为"辽三彩"。

  辽三彩采用高温素烧、低温釉烧的二次烧成工艺，胎釉之间常施白色陶衣，釉色以黄、绿、白为主。施釉时，用不同色调的釉料按胎面的图案设计巧妙搭配，形成了明艳鲜亮的装饰效果。

  辽三彩基本属于印花系列，常见的造型有盘、碟、壶、套盒及各式明器等；纹饰内容广泛，既有传统的题材又兼有体现时代气息的纹样。

  海棠盘源于唐代金银器的造型，因形似盛开的海棠花而得名。此器向外翻折的口沿上为模印的卷草纹，其凹凸的质感是模仿金属器錾（zàn）花工艺的装饰效果。内底的水波三花图案，色泽鲜艳，轮廓清晰，加之规整的造型，说明它是辽代贵族阶层使用的上等瓷器。

水波浮花贵族家

第三单元
南风宋韵 北域集珍

自20世纪30年代以来，辽墓中出土了一批五代至北宋时期的瓷器，均为中原及南方地区著名瓷窑的产品。这批瓷器制作精雅，气韵清新，和辽瓷粗犷雄浑的风格形成了鲜明的对照。其在辽境的陆续发现，反映了辽王朝与中原地区频繁密切的文化交流，表明辽代陶瓷是在学习上述诸窑工艺的基础上发展、壮大起来的，进而对金元两代北方瓷窑技术产生了深远的影响。

鎏金银扣凤纹官字款白瓷碗

北宋
高4.6cm 口径15.2cm 足径9.8cm
辽宁沈阳法库县叶茂台辽墓出土

官家标记定出身

此碗出自北宋定窑。定窑位于今河北省曲阳县涧磁村及东西燕川村一带，因古属定州而得名，创烧于唐代，终于元代，是我国古代著名的白瓷窑厂，一度为宫廷及官府烧造供瓷，精美的刻花、印花产品以及先进的覆烧工艺对包括辽地在内的一大批窑厂产生了深远的影响。除了大量烧制白瓷外，定窑也少量烧制绿釉、酱釉和黑釉瓷器，即文献中所说的"绿定""紫定"和"黑定"。

这件白瓷碗口呈六出花瓣状，碗口沿镶鎏金银扣。胎质坚细，釉质莹润。内底划飞凤卷云纹，线条精细流畅，形态生动优美。外底划一行书"官"字。

"官""新官"款白瓷是定窑中的精品，造型上仿金银器，多采用花口、起棱、压边等技法，且小件器物口、足部镶包金、银扣，这样不仅弥补了定窑瓷器的芒口现象，同时更加精美，迎合了皇帝和贵族的高贵身份。"官"字款陶瓷是宋代皇宫专用瓷器，这些瓷器展示了宋代定窑最辉煌的时期。

一 壶青影居瓷首

影青瓷刻缠枝花纹执壶

北宋

辽宁沈阳法库叶茂台辽墓出土

这把执壶出自景德镇窑。江西景德镇窑始烧于五代，至宋代制瓷技术成熟，元、明两代成为全国制瓷中心。宋代景德镇窑主要烧制青白瓷，晚清以后称之为"影青"。青白瓷除了具有胎白、釉润等特点外，还辅以刻花、蓖点、蓖划和印花装饰。其色质如玉，有"假玉"之称。江南地区受青白瓷影响很大，出现了不少模仿景德镇窑的窑厂，并逐渐形成了以景德镇为中心的青白瓷系，居宋代六大瓷系之首。

这把执壶，溜肩，敛腹，平底无圈足。肩颈饰有一圈花瓣纹，壶身满刻缠枝花纹。器型优美，精致小巧，釉面明澈丽洁，胎质坚致腻白，色泽温润如玉。

青瓷青莲青久远

青瓷刻莲瓣纹碗

北宋

高6.8cm　口径15cm

辽宁沈阳法库县叶茂台辽墓出土

此碗出自宋代北方著名瓷窑之一的耀州窑。该窑以烧制青瓷著称于世。窑厂位于陕西铜川黄堡镇，因铜川旧属耀州，故此得名。唐代初创，五代成熟，宋代鼎盛，薪火未断，相传至今，其剔刻花工艺独树一帜，在我国陶瓷发展史上占有重要地位。其所烧造的陶瓷产品"巧如范金，精比琢（zhuó）玉"，不仅深受平民百姓喜爱，还曾贡奉皇室，远销海外。

此碗外壁雕复瓣莲花，作五叶式，内底刻转轮菊花一朵。器身施豆青釉，胎灰白色，瓷土较纯净，胎质硬度较大，瓷化程度较高。整体色釉温润，釉色青绿。

辽代陶瓷展　221

中国历代玺印展

　　中国的玺印有着3000年左右的历史，与政治、经济、军事、文化、艺术、宗教等密不可分，在各个领域都发挥着独特的作用，成为中华民族悠久历史文化的重要组成部分。宋之前，玺印虽是一种以实用为主的征信器物，但也形成了不同的艺术风格。宋元时期，玺印的作用逐步扩大到书画艺术领域和欣赏领域。明代中叶起，文人治印之风渐盛，篆刻又和文人书画相结合，于是出现了明清至近代具有革新精神的文人篆刻艺术，改变了玺印历史的漫长进程。

辽宁省博物馆收藏有丰富的历代玺印篆刻，能够较为完善地展示从先秦至近代玺印的各类样式与流派。希望观众能从本展览中欣赏中国玺印篆刻艺术的流传与演变，体味中华文化的博大精深。

本展览分为先秦玺印、秦汉六朝玺印、唐宋辽金元玺印、明清篆刻、近现代篆刻五个单元，共展出479件玺印。

先秦玺印

先秦玺印发现于商周之际，春秋战国时期盛行，主要作为行使职权及征信凭证存在。古玺文字的章法自然，结体多样，并出现了印钮和印文具有差异的地域特点。春秋以后玺印的使用已十分普遍，官玺的形制和文字具有规范性，私玺制作更注重便利和美观，有的极为精工，并出现图形玺、吉语印等多种品式。

"事（史）余（餘）子"陶玺

战国
高3.4cm 长1.9cm 宽1.9cm
椎体

朱华千载是何人

先秦官私玺印质地以铜为主，大多随身佩带，使用上主要为直接抑印或钤（qián）于封泥，因而产生了相应的形制。玺印文字书法、布局技巧渐趋娴熟，达到了朴实、生动、和谐的艺术效果。因各国的地域文化差异，在文字及形制风格上也出现了不同的特色。

这是一枚战国时期的三晋系氏名玺，玺文为"事余子"，朱文，陶制。

东周战国时期，各诸侯国长期分治，文字上形成了各自不同的写法风格，由晋国分立的赵、魏、韩三国玺印风格一致，学术界将它们归为一类，称为三晋系。

事氏当为史氏，古"事""史"可通。余（餘）子是相对嫡子而言，原来是一种身份的名称，有时也用作官名，这里用作人名。

小知识：吉语印

吉语印也称成语印，起源于战国，盛行于汉代。先秦吉语印在内容上大多是有吉祥、规诫意义的格言、成语，从一个侧面反映了战国时期人们的精神状态和思想意识。这些印章字数不一，印面活泼多姿，每个时代各具特色，开创了后世"闲章"的先河。

秦汉六朝玺印

秦并六国，贯彻"书同文"政令，玺印的文字、钮式趋向统一，与中央集权相适应的官印制度逐步建立，至西汉臻于完备。各级官印的质料、形制确定了严格的规范，缪篆成为印章的专用书体，由此形成延续800年的秦汉印系。东晋至南北朝常出现政权更迭，促使官印篆书走向蜕变，形制不再统一，制作较为粗犷。

汉家司马掌兵权

"别部司马"铜印

汉代
高1.9cm　长2.3cm　宽2.3cm

秦代开始，官印制度等级界限渐趋明确，对印文、材料、绶（shòu）带长短及颜色等，都有详细规定。秦印使用小篆，多为白文凿印，传世稀少。两汉官印印文更为整齐，结体平直方正，风格雄浑典重，达到了印章艺术的高峰，是后世篆刻家学习的典范。六朝时期由于战乱频繁，仓促之间刻凿而成的将军章和各种武官印数量较多。

这是一枚汉代官印。"别部司马"是官名，自汉代开始设置，掌领兵征伐。"别部"在主力部队之外协同作战，汉时将军所领的兵分别由军司马统率，其中别部的将领称"别部司马"，所领兵额度多少则各随时宜。

汉代官印多为白文凿刻，朱文者千中无一。这枚官印镌刻精整，笔画部位刀至意成，线条蓄力，布局方正，雄浑苍古，堪称汉代官印的精品之一。

寥寥数笔呼欲出

"鲜卑率善佰长"铜印

晋代
高2.7cm 长2.2cm 宽2.2cm
马钮

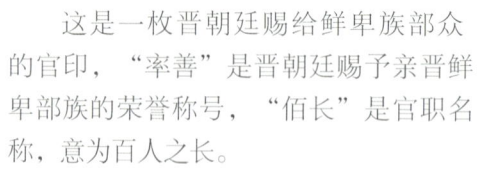

这是一枚晋朝廷赐给鲜卑族部众的官印。"率善"是晋朝廷赐予亲晋鲜卑部族的荣誉称号，"佰长"是官职名称，意为百人之长。

此印钮头为马钮，粗短而平伸，顶有鬃毛，背无峰，寥寥几笔就生动地刻画出马的形象。该印篆文俊雅秀逸，线条颇有隶书笔意。整体布局极为精致，右侧疏朗，与左侧呼应勾连，有极高的史料价值与艺术价值。

谁持封泥守关山

"梁邹丞印"封泥

汉代
长3.7cm 宽4.4cm 厚1.1cm

在纸张未发明以前，古人多在简牍（dú）上记写公文等内容，为严守机密和防奸杜伪，故在简牍的绳结处加上软泥，然后钤（qián）盖玺印，即所谓的缄（jiān）。由于玺印在泥上的挤压，钤盖后出现了翻"白"成"朱"的特殊效果和古拙厚重的艺术特色。封泥主要流行于秦汉，魏晋后纸帛盛行，封泥之制渐废。后世在书牍封口加以钤印，即是古代封泥的遗制。

这是一件汉代官印封泥，印文篆书四字"梁邹丞印"，"梁邹"（今山东省邹平市）是县名，"丞"是文官称谓，在汉代每县置丞一人，掌管文书工作。

"贾许私印"铜印

汉代
高1.3cm 长1.2cm 宽1.2cm
龟钮

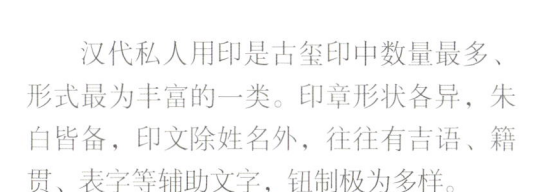

灵龟常伴汉家人

汉代私人用印是古玺印中数量最多、形式最为丰富的一类。印章形状各异，朱白皆备，印文除姓名外，往往有吉语、籍贯、表字等辅助文字，钮制极为多样。

这是一枚汉代姓名印，姓名印在汉代使用之广，制作之精，篆刻之美，风格之多样，为历代之最。印文为铸造阴文，字形端庄，结构严谨。龟钮在汉姓名印中常见，且不同时期发展出不同的形态。

"荆桐·鹤喙（huì）鱼纹"铜印

汉代
高0.4cm 长1.3cm 宽1.35cm

别出心裁鹤衔鱼

肖形印的印面只有图像并无文字，起源可上溯至商周时期。肖形印在古代玺印中别具一格，由于用它钤（qián）押的标记十分鲜明，甚至比刻出文字更加显豁，使人一目了然，故沿用的时间很久，自战国至元明，各代均有使用。

这是一枚汉代双面穿带印，穿带印是沿用秦印的一种形制，印体方正扁平，中间有穿可系带。

此印一面刻姓名，一面刻鹤喙鱼纹又称肖形纹。汉代肖形印的题材继承了战国以动物纹样为主的传统，此印线刻一鹤以喙衔鱼，构图别出心裁。

中国历代玺印展 227

唐宋辽金元玺印

封缄筐笼有进献

唐承隋制，完成了用印方式由封泥向钤（qián）色印的转换，官印从此也形成新的体系。隋唐篆书印文圆润疏朗，宋代趋向平实整齐，至金元时纯用屈曲的九叠篆文入印。唐宋时出现隶楷书的官私印，书法清新质朴。宋代开始流行签字式的花押，印文的表现形式更趋丰富。辽、西夏、金、元曾以自创的民族文字入印，亦独具特色。

"襄州都督府之印"封泥

唐代
长10cm 宽9.5cm 厚1.9cm

官印制度在唐代发生了重要的变化，印面开始加大，开始运用屈曲的"九叠文"入印，朱文逐渐代替白文，印背开始有年号凿款。宋辽金元的官印制度完全承袭了唐代官印制度，辽金元三代还偶用本民族文字仿效汉字篆体入印。

这是一件唐开元二十年（732年）的官印泥封，正面墨书小楷七行，上钤"襄州都督府之印"。

此泥封为中国近代考古学家罗振玉旧藏，匣盖有他的题识。泥封上的墨书题记称"梁州"，结合题记内容可知，此泥封是唐开元二十年梁州向唐宫廷进贡大蒜时封缄（jiān）筐笼时所使用的。

有学者认为，该封泥对唐代进贡的签署制度、国库验收制度、文书制度、官制、书法的研究均具有极大意义，也是唐史研究的重要实证。

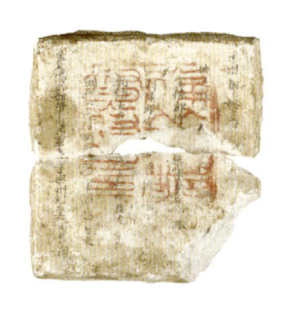

"神射第十二指挥第六都记"铜印

宋代
高4.7cm 长5.5cm 宽5.3cm
橛（jué）钮

这是一枚宋端拱元年（988年）的官印，印身表面光滑，铜质较好，印钮上部刻"上"字标示印文上下方向。

"神射"是宋雍熙四年（987年）之后两浙州兵步军的称谓，宋代军制以"指挥"为编制单位，其上为厢，其下为都，一都五百人。"记"字指军队中的低级将校官印。印文为铸造，字腔较深，布局精到，为宋代官印中的佳品。

神射军中五百人

"来远军印"铜印

金代
高5cm 长6.2cm 宽6.2cm
橛钮

女真人建立的金朝继辽而起，吞灭北宋后，与迁都临安的南宋朝廷长期对峙。

此印铸朱文"来远军印"，印台右侧刻"大定二十四年（1184年）二月尚书礼部造"。金大定二十二年（1182年），升来远县为来远军，治所在今辽宁丹东市东北鸭绿江中黔定岛上。

金朝官印制度以宋制为主干构建，属隋唐系官印，以九叠篆入印。该印印文风格曲叠绵密，线条温润有力，是金朝官印的典型代表。

鸭绿江上来远军

中国历代玺印展　229

八思巴文"左卫阿速亲军千户印"铜印

元代

印，6.7cm×6.7cm×1.45cm

钮，5.3cm×3.96cm×1.6cm

此枚印章为青铜方板状印，上有长方板状钮，印背左右两边分别有"元统三年九月□日中书礼部造""左卫阿速亲军千户印"刻款。

阿速亲军为元代侍卫部队。元统三年为元顺帝年号，即1335年。

元代印制基本依照宋式，统治者在创制八思巴文后将之以九叠篆的形式铸造官印。

此印是将"左卫阿速亲军千户印"以八思巴文拼读所铸。左卫阿速亲军为元代左、右两侍卫亲军之一；阿速，蒙古语，意为守卫。

九叠篆风率亲军

何铜印

辽代

高5.5cm 长2.2cm 宽2.3cm

人物钮

花押印也称署押印，是刻有花押样式的私印，起源于宋，盛行于元。

花押印将个人姓名或字号草写为类似图案的符号，兼具不易识别和难于模仿的作用。花押印皆为朱文，形式多样，字体或楷或隶，古拙凝重。

此印钮为一站立小童子，双手捧握一小盒。人物发式、表情、衣纹刻画细致生动。印章线条稚拙，似蕴童趣，与印钮的立式童子恰相呼应。

小童立于契丹印

230 辽宁省博物馆

明清篆刻

明代中叶的文彭、何震是明清流派篆刻辉煌业绩的开拓者，他们力追秦汉，开辟了明清篆刻艺术的昌盛局面。在明代文、何之后，清代篆刻得到更大发展，风格各异，流派繁多，逐步形成了"浙派"与"皖派"。至晚清，篆刻艺术多姿多彩，从技法到理论已趋于完备，形式与审美体系得以最终形成。

明朝官印印文采用叠篆，官员的等级除了反映在各种不同的印材上，还反映在叠篆的不同叠数上。清代官印继承了明制，稍有不同的是，清代官印为呈现出满汉一家的思想，其印面文字使用左清篆，右汉篆的形式。明清官印有严格的铸凿规范，事实上已无艺术特性。

"沈阳中卫中左千户所百户"铜印

明代
印面，长7.25cm 宽7.25cm 高8.35cm

此枚印章为黄铜铸，印正面阳刻九叠篆文"沈阳中卫中左千户所百户印"。沈阳中卫下辖七个千户所，该印即为沈阳中卫中左千户所下辖之百户印，造于明正统二年（1437年）。

千户百户掌中印

"齐齐哈儿镶红旗协领图记（满汉文）"铜印

清代
高10.7cm 长8.4cm 宽5.4cm
橛（jué）钮

这枚清乾隆十七年（1752年）的满汉文官印，印文为满文，阳刻，有汉字题记。满族作为清朝的统治者有自己民族的文字，为了适应社会应用，制定了满汉并行的官印印文规范。"协领"是清代满族军队的官职。

关防此记率八旗

中国历代玺印展   231

明清文人篆刻

文人篆刻流派起自明代。明中叶石质印章普及，便利了以艺术鉴赏为主要功用的篆刻创作。当时文人书画的空前发展，也推动了和书画创作有密切关系的文人篆刻的兴起，由此引导出明清500年间篆刻艺术波澜壮阔的历史。

丁敬刻"密盦（ān）秘赏"寿山石印

清代
高4.47cm　长2.25cm　宽2.23cm

丁敬（1695—1765年）是清代书画家、篆刻家。他工诗善画，尤精篆刻，是"浙派篆刻"的开创者，为"西泠（líng）八家"之首。

此印身三面刻边款，印面刻朱文"密盦秘赏"四字。此印刻于清乾隆二十六年（1761年），是丁敬为回赠友人方辅所赠唐墨而刻，印文为典型浙派篆法，边款内容丰富翔实，尤为珍贵，体现出文人交往意趣，是清代浙派篆刻代表作品。

轻巧"秘赏"赠友人

小知识：西泠印社

西泠印社，是研究金石篆刻、书画、印学历史最悠久、成就最高、影响最广的国际性民间艺术团体，以"保存金石，研究印学，兼及书画"为宗旨，有"天下第一名社"之誉。清光绪三十年（1904年），由浙派篆刻家丁辅之等召集同人发起并创建，著名画家、书法家、篆刻家吴昌硕为第一任社长。其历任社长有被誉为近代中国考古学前驱的马衡、中国当代书画家启功等。西泠印社的声誉已不仅仅囿于印学界，也影响了100多年来的整个中国文化界。

赵之谦刻"滂（pāng）喜斋" 青田石印

清代
高3cm 长7.1cm 宽7.1cm

　　这是一枚清代同治八年（1869年）赵之谦为潘祖荫刻治的斋号印，朱文。此印一侧面刻有边款："同治己巳春三月，赵之谦刻呈伯寅少司农鉴正。"

　　赵之谦（1829—1884年）是清代著名书画家、篆刻家，被誉为清末篆刻巨擘。

　　潘祖荫，字伯寅，号郑盦（ān），其室名有八囍斋、滂喜斋、汉学居等，晚清大臣，官至工部尚书，通经史，精楷法，富收藏，其所用印章，如滂喜斋、汉学居等均出自赵之谦之手。

　　"滂喜"斋名，取自东汉和帝时贾鲂《滂喜篇》，"喜"通"熹"。

别有春风滂喜斋

中国历代玺印展　233

明清印材

宋元以前治印大多以质地坚硬的金属为主。及至元代，王冕始以花乳石治印，因其质地细腻温润，容易受刀，渐为普遍用料。明代以降，石质材料越来越被印人广泛采用。各类石章产地不同，质地、性能和色泽也各异，最常见的有青田石、寿山石和昌化石，质量上乘的石材本身也具备很高的艺术审美价值。

代刀缶翁传其神

徐新周刻"寿云平生真赏" 寿山石印

1908年

高3.7cm 长1.65cm 宽1.65cm

徐新周（1853—1925年），字星州，是吴昌硕弟子，他作印谨守师法，不逾规矩，边款亦然，极得缶翁（吴昌硕别号）风神。吴昌硕晚年刻印，多由其代刀。

此印无钮，印身长方，其中一面刻边款，印面仿吴让之刀法刻朱文篆书"寿云平生真赏"六字。

印钮雕刻

中国印章历来重视印钮雕刻，清康熙、乾隆之世，印钮雕刻题材多样，技法纯熟，福建寿山和浙江青田的印钮雕刻历史悠久。而晚清与绘画相融合的浅浮雕装饰也颇为流行。

浮雕荷花鹭鸶寿山石印

清代
高5.6cm　长2.8cm　宽2.8cm

薄意不薄技艺深

东汉许慎在《说文解字》中说："印，执政所持也；钮，印鼻也。"古人为执政所持便于携带印信，就在玺印的上方穿孔系上印绶（shòu）佩于腰，这是最早的印钮，此时的印钮只是为了实用，没有观赏价值。秦汉印钮，有龟、螭、虎等形状，以区分官员品级。汉代以螭、龟、驼、马等不同钮来区分帝王百官之等级。后世私印之钮，形式更多。

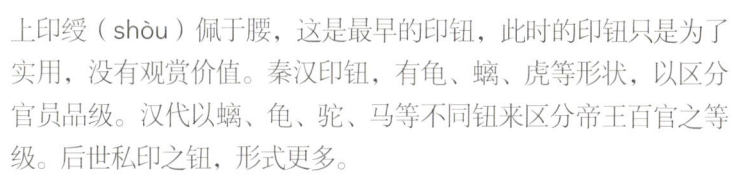

清康熙、乾隆时期，印钮中最具特色的就是施于印石体表周围的浅浮雕，以极浅薄的层次和富有画意而得名"薄意"。

这件印材浅浮雕荷花鹭鸶图，是常见的绘画题材，寓意一路清廉，刻画十分细致生动。

龙钮田黄寿山石印

清代
高5.3cm　长3.2cm　宽1.7cm
捐赠

龙钮之印握谁手

此印为田黄石，色橘黄，萝卜纹结晶，龙钮雕工精致。田黄石简称田黄，因产于福州寿山乡寿山溪两旁水稻田下，呈黄色而得名。田黄石材质地温润，文人雅士喜好收藏。

此印原为启功旧藏，1978年启功将之捐赠给辽宁省博物馆。

中国历代玺印展

近现代篆刻

到了近现代，篆刻艺术进入了全盛时期，印家们已不再满足于流派的门户之见，而是在先秦印到明清流派之间融会贯通，锐意创新，形成个性突出，面目新颖而多元的局面。

受晚清治印风格影响的一些名家，至近现代仍继续活跃于印坛，特别是一些书画家，以治印为兼善，作品意趣率真，具有清新的风貌。刀法含蓄稳健，风格典雅，章法多变，影响直至当代。

齐白石的篆刻老辣苍劲，独辟蹊径，影响甚巨；王光烈善以彝器、泉布文字入印，成就卓著，为近代东北翘楚；"毛泽东诗词"篆刻集近代篆刻家力作，为本馆馆藏特色。

雕虫舐犊寄情深

齐白石刻"雕虫小技家声"寿山石印

现代
高1.5cm 长3.2cm 宽3.2cm

此印是齐白石为其三子齐良琨所刻印章之一，印身一面刻边款"如儿宝，白石"。

齐白石（1864—1957年），名璜，字濒生，号白石、三白石印富翁等，湖南湘潭人，以绘画著称于世，亦工书法，精篆刻。齐白石的篆刻从赵之谦入手，上溯秦汉，经过刻苦的努力，形成单刀直冲的率真风格，自成一派，影响深远。

齐良琨（1903—1956年），字子如，自幼随齐白石学画，师从陈半丁，以画草虫见长。

此印文字力度深刻，气息朴拙。"雕虫小技家声"既包含齐白石擅长篆刻与画草虫，又包含了齐良琨继承了齐氏家学之意，表达出齐白石对齐良琨的肯定与期望，可谓舐犊情深。

"毛泽东诗词"篆刻

20世纪60年代,以"毛泽东诗词"为篆刻内容蔚然成风,本馆面向全国征集此类篆刻作品,众多篆刻名家鼎力相助,故收藏颇丰。这些篆刻作品体现了时代特色,是近现代篆刻史的独特篇章。

求得一曲"国际歌"

商承祚(zuò)刻"国际悲歌歌一曲" 寿山石印

现代
高7.2cm 长3cm 宽3cm
狮钮

商承祚(1902—1991年),字锡永,号驽刚、蠖(huò)公、契斋,古文字学家、考古学家、金石篆刻家、书法家。

"国际悲歌歌一曲"出自毛泽东《蝶恋花·从汀州到长沙》,1964年辽宁省博物馆为筹备"学习毛主席诗词的书画篆刻展览"特向商承祚求刻此印。

中国历代玺印展

中国古代佛教造像展

　　佛教起源于公元前六世纪的古印度，创始人为释迦牟尼佛，后被尊为释祖或佛祖。"佛"为古印度梵语音译"佛陀"的简称，意为智者或觉者。佛教在中国有2000余年的悠久历史，最早经西域传入，后逐渐发展与兴盛。

佛像在佛教信徒传经弘法的过程中起着非常重要的作用，广义上的佛像包括佛、菩萨、罗汉、明王、诸天等一切佛教造像。早期佛教艺术品仅以宝塔、莲花、菩提树、法轮、足迹等表示佛陀的存在和活动。公元一世纪，佛像艺术产生于古印度，十六国时期，中国内地出现了真正具有礼佛目的、独立供养的佛像。

辽宁省博物馆收藏的佛像主要是石刻造像和鎏金铜像，北朝和隋唐以石造像为主，十六国直至清朝以金铜造像为主。这些造像总体上可分为汉、藏两种风格，是我国文化宝库中伟大的艺术瑰宝，是中华民族传统文化的重要组成部分。

汉传佛教造像艺术

汉传佛教指流行于中国内地，以汉语为传播载体的佛教流派。在2000余年的发展中，佛像艺术在中国汉文化影响下不断发生变化，南北朝清秀飘逸、隋唐典雅端庄、宋代写实自然、明清浅显世俗，形成了具有我国汉文化特色的新的艺术形式。汉传佛像艺术是中国佛教汉化的最生动体现，同时也是中国传统文化中璀璨夺目的明珠。

石雕佛头

砂岩
北齐
高37cm

北朝时期，从公元386年北魏建立，继而分裂、更替为东魏、西魏、北齐、北周，到公元581年北周被隋取代，共持续近200年。这一时期，战争频繁、政权更迭、社会动荡，人民渴望得到平安幸福的生活环境，希望得到精神上的寄托。与此同时，佛经从印度大量传入，佛教在中国迎来了第一个发展高峰，也是我国雕塑艺术的第一次高峰。

北齐佛像在历代佛像中有其鲜明的时代特点，特点在于其线条的柔和美。这时的绘画技法影响到了佛像雕塑，在造像上也体现出绘画风格中的"曹衣出水"。

北齐佛像动作较少变化，看上去很单一，细看则件件不同，他们都是弯弯的长眉、低垂着细眼，但仔细端详，都是嘴角含着一丝笑意，凝视他们，让人觉得周遭寂静、内心安宁。

笑意浅浅心安宁

法相庄严莲花绽

石雕菩萨立像

石灰岩
唐代
高63.7cm

这尊立像，双臂均残，菩萨头为后来配上，因此，头部与身体颜色不同。菩萨双脚站在莲座上，长耳几近垂肩，面相饱满圆润，嘴角略带一丝笑意，颈部三道蚕纹，有唐代的审美特点。

菩萨的上身袒露至腹，胸前佩饰璎珞，身披帔（pèi）帛，富有动感；下着羊肠大裙，轻薄贴体。其身躯微转，小腹微微凸起，腰部呈"S"状，重心向一侧扭曲，体态丰腴，自由舒展。整体既庄严慈祥，又雍容华贵。胸、腰、腹的肌肉富有女性的丰满、柔和之美，显示出充沛的生命力。

羊肠裙，是流行于我国西北少数民族地区的一种褶裙，汉末三国时传入内地。据《珍珠船》中记载："敦煌俗，妇人作裙，挛缩如羊肠，用布一匹。"裙褶卷曲如羊肠状，因此而得名。

中国古代佛教造像展

世俗模样果位高

罗汉像

木雕

明代

高104cm 宽56cm

　　罗汉是佛教造像的主要题材之一，形象仿照现实生活中的僧人特点，以印度僧人形象为多；光头、身披袈裟或大领僧衣；相貌不一，手法或夸张、或写实，神韵生动。

　　此尊罗汉像呈比丘相，圆睁双目，面相威严，棱角分明。内穿交领僧衣，外穿通肩式袈裟，以丝带束于腰间，裙下摆自然搭于台座上。其左手结法印，右手置腿上抓大衣一角，突出了布料的质感。

　　木质佛像的雕刻手法以及对线条细节的表达可以不受铸造工艺的限制，显得格外灵动流畅，但由于木器易腐，在历经岁月磨砺后，能留存至今的早期木雕佛像极少，现存的多为明清时期的佛像。

释迦牟尼坐像

铜鎏金
17世纪
高18cm　宽12.6cm

释迦牟尼，佛教创始人，姓乔答摩（也译作乔达摩），名悉达多，也被称为如来佛祖。

根据《大般若经》中记载："世尊顶上乌瑟腻沙，高显周圆，犹如天盖，是三十二。"这里说的"世尊"就是如来佛祖，"乌瑟腻沙"指头上的肉髻。

此尊坐像面相端正，双眉上挑，鼻梁尖挺，肩胸浑圆宽厚，腰部收敛，衣纹轻薄贴体，右肩袒露，下摆衣褶呈放射状铺于座面上。全身比例匀称，身体起伏变化明显。整尊造像简洁端庄，是喀尔喀蒙古造像的佳作。

世尊端坐莲花瓣

无量寿佛

红铜嵌金银
17世纪
高16cm　宽11.5cm

无量寿佛身着通肩式袈裟，轻薄贴体，胸前见规则的"U"形衣纹，为马土腊式（印度雕刻流派之一）的表现手法。双腿间衣纹呈放射状分布，小腿上饰梅花点并嵌银，上有鎏金。此像为内地仿东印度帕拉风格的佳作，形神兼备。

无量寿佛是阿弥陀佛的意译，是西方极乐世界的教主，又称长寿佛，广受信仰，代表寿命的延长，一般作双手禅定，持盛满甘露的宝瓶。常与白度母和尊胜佛母组合，称为"长寿三尊"。

世人皆求无量寿

中国古代佛教造像展　243

中国古代书法与绘画

  中国的书法和绘画是具有悠久历史和鲜明中华文化特色的艺术形式，在世界美术领域中自成体系。中国绘画采用特有的工具、材料，以千变万化的墨、色表现物象，追求笔墨韵味和抒情写意的审美意趣，并与中国的诗、书、印相互交融影响。人物画传神达意，山水画境悠意远，花鸟画寓情写意，书法气韵生动，无论是哪种表现形式，均讲求以形写神，注重借景抒情，托物言志，强调融化物我，反映出中华民族"天人合一"的哲学观和审

美观。中国书画是承载着中国文化精神的视觉图像艺术，是构成中国文化的重要组成部分。

辽宁省博物馆收藏了数量可观的中国历代书画，其中既有晋、唐、宋、元的稀世名作，也有明清各画派名家的代表作品，可以概括地反映出中国古代书画艺术发展的脉络。本展览依托馆藏的各代名品佳作，不定期更换，旨在展示中国古代书画的艺术魅力和文化内涵。

珠联璧合传世作

宋摹《洛神赋图》卷（局部）

绢本设色
纵26.3cm　横641.6cm

顾恺之（348—409年），字长康，小字虎头，晋陵无锡人（今江苏省无锡市），东晋杰出画家、绘画理论家、诗人。因为他在文学和绘画方面有很高的成就，时人称之为"三绝"：画绝、文绝和痴绝。

《洛神赋》是三国时期曹植的名篇，其辞藻华美，情文并茂，故事感人，意象鲜明，因此从四世纪开始，历代画家常取以为题，作成故事画卷。

《洛神赋图》原作早已失传，传为顾恺之所绘的《洛神赋图》存世多卷，此卷为宋摹本，在很大程度上保留了顾恺之绘画的艺术特点，以造型生动、线条飘逸的人物形象营造出浓郁的神话氛围。

《洛神赋图》将画卷分为"惊艳""陈情"和"偕逝"三个部分,曲折细致而又层次分明地描绘着曹植与洛神真挚纯洁的爱情故事。人物安排疏密得宜,在不同的时空中自然地重叠、交替,而在山川景物描绘上,无不展现一种空间美。"惊艳":描绘曹植一行在洛水之滨偶遇洛神,曹植被洛神的美丽所吸引。"陈情":曹植向洛神表达自己的爱慕之情,两人感情逐渐加深,人神殊途,不得不含恨别离时的情景,这是故事情节的高潮。"偕逝":曹植与洛神告别,洛神离去,曹植满怀深切追忆与思念。曹植乘轻舟溯流而上追赶云车,希望再次见到洛神的情影。

《洛神赋》在古代曾被很多画家画过,顾恺之再现了其中的瑰丽意境,将神话传说中的故事描绘得栩栩如生。他运用浪漫主义手法极富诗意地还原了曹植原作的意境与情致,打破了时间与空间的限制,将神话世界与现实世界如梦如幻般地交融。

文学名篇《洛神赋》和绘画作品《洛神赋图》,都是中国传统文化的精粹,表现了这一段充满浪漫想象力的人神之恋。它们经过千余年一代又一代人的反复诵读和欣赏,仍具有经久不衰的艺术魅力。

慢束罗裙簪花灿

《簪花仕女图》卷

唐代　周昉（fǎng）
绢本设色
纵46cm　横180cm

　　周昉（生卒年不详），字仲朗、景玄，京兆（今陕西西安）人，唐代著名画家。出身显贵，先后任越州、宣州长史。他擅画人物、佛像，尤其擅长画贵族妇女，所画仕女容貌端庄，体态丰肥，为当时宫廷士大夫所喜爱。他是中唐时期重要的宗教画家兼人物画家，早年效仿过张萱，后来加以变化，别创一体。周昉创造的最著名的佛教形象是"水月观音"。

　　簪花，是中国古代人头饰的一种，就是将鲜花或其他材料制作的花朵戴在头上。仕女，主要指古代有教养的贵族女子。自唐代起，仕女画开始成为一门独立画科，描绘的是上层女子的精致生活。

　　《簪花仕女图》中描绘了五位衣着艳丽的贵族女子及一位侍女，在春夏之交赏花游园。仕女服饰奢华，或擎花枝，或持拂尘，姿态悠然，举止高雅，鬓间簪花绽放。陪伴她们

的宠物是两只欢跳的小狗和一只像主人一样淡定的仙鹤。

　　整幅画卷没有背景，因此更突显了人物。她们襦（rú）裙齐胸，身披薄纱，肆意地展示着曼妙丰腴的女性之美，也让今天的我们得以了解当年的时尚。

　　《簪花仕女图》中的几位女子服饰皆以裙、衫、帔（pèi）为主。在中晚唐时期，最为流行的莫过于短襦长裙。襦裙是汉服的一种，是典型的"上衣下裳"衣制。上身穿的短衣不过膝盖，叫"襦"，下身束的裙子可分为齐腰裙、高腰裙以及齐胸裙三种。

　　唐代文化的开放包容从衣着中尽显。图中人物着装都以当时流行的朱红色为主，间或辅以青、绿色和金银色。裙腰高至胸部，用大带系结，拖沓阔大的石榴裙将丰腴的身体包裹。襦裙外是袒胸大袖纱罗衫，主要作用是遮挡穿短襦裙时裸露的肌肤。这种纱衫薄如蝉翼，轻盈透明，使得女子滑如凝脂的肌肤在纱衫的纹饰间影影绰绰，更突显了唐代以丰腴为美的风尚，曾被唐人形容为"慢束罗裙半露胸"。纱衫最外层是帔子，相当于现在搭的披肩，披肩可御风寒，可添风度，薄纱制成，或披在肩上，或搭于胳臂，如彩虹般垂下，风起而动，更显唐朝女性的娇柔妩媚。

　　《簪花仕女图》不仅仅是描绘贵族女子的生活状态，更是向我们展现了盛唐海纳百川和沉雄博大的文化气韵。

中国古代书法与绘画　249

远离动荡自成峰

《夏景山口待渡图》卷

五代　董源
绢本设色
纵49.8cm　横329.4cm

　　董源（生卒年不详），字叔达，洪州钟陵（今江西进贤县钟陵乡）人。南唐中主时曾任北苑副使，故称"董北苑"，他善画山水，开创了"平淡天真"的江南山水画风格，对中国艺术史影响深远，被誉为中国山水画的"南宗之祖"，与李成、范宽并称"北宋三大家"。

　　五代十国是中国历史上大分裂时期，中原王朝不断更迭，南方有十个割据政权参差存在，政局动荡，社会生产几乎停滞。这时的南方，远离北方的争战，政治环境较为稳定，为文化艺术的发展提供了一个相对从容的环境。南唐的统治者自己本身就对文化和艺术充满热爱，更促进了其文化艺术的发展和繁荣，由此，南唐在文化艺术方面表现了自己的特色和水平。

董源就是其代表人物之一。

董源的山水画意境深邃，层次丰富、构图巧妙，富有节奏和张力，体现了他对自然景观的深入观察、理解和感受。他将自己的感受淋漓尽致、收放自如地付诸笔墨，与观者的灵魂沟通，令观者也产生丰富的联想和共鸣。

此图被认为是董源江南风格的典型作品之一，其描绘的是江南山水景色。开阔平静的水面中浮一渔船，渔人悠闲作业，江水蜿蜒于起伏的群山之间，洲渚错落，零星房舍隐约掩映在山林间。整幅画卷的笔墨温润，线型的披麻皴（cūn）混合着浓淡繁密的墨点，自然地表现了松软的土石与繁茂的草木，似有光影在其间斑驳跃动，营造出山水迷蒙的江南物象。这正是董源的过人之处，他创造的这种看起来很潦草的披麻皴法，让绵延低矮的丘陵，郁郁葱葱的树丛，以及水面上散落的渔舟，像是浸润在江南的氤氲（yīn yūn）里。

五代是中国山水画逐渐成熟的时期，山水画理论也逐渐完善，董源引领了江南的画风。自南宋以后，随着文化中心的南移，这种画风逐渐被世人所重视，到了元明以后几乎成了山水画主流，统治山水画坛近千年。

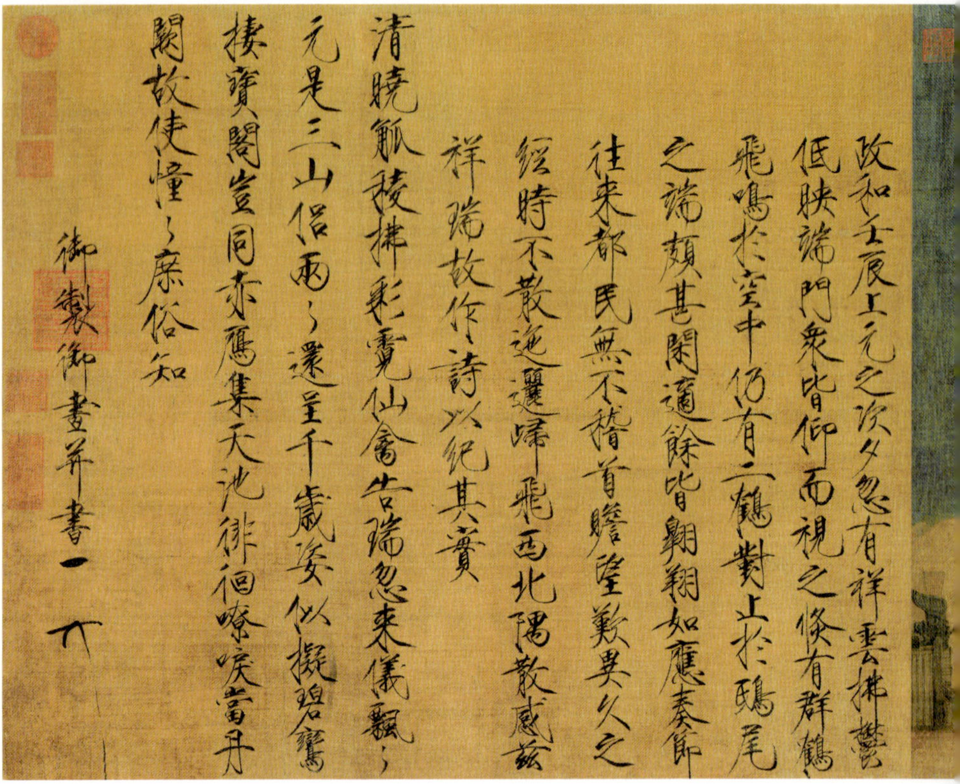

来世不做亡国君

《瑞鹤图》卷

宋代　赵佶（jí）
绢本设色
纵51cm　横138.2cm

赵佶（1082—1135年），号宣和主人，是后来赫赫有名的宋徽宗，他是宋神宗的第11个儿子，是宋朝的第八位皇帝。他一生钟情书画，有极高的艺术天赋，不仅促进了宋代画院的建设和院体画的发展，而且开创了笔迹瘦劲飘逸、自成一派的"瘦金体"。

《瑞鹤图》为赵佶31岁时所作。此卷右图左书，图绘北宋

都城汴梁宣德门上空彩云弥漫，18只丹顶鹤在宫殿上空盘旋飞翔，又有两只立于殿脊左右鸱（chī）尾之上。青色的天空映衬着白色的丹顶鹤，空中传来阵阵悦耳的鸣叫声，一幅仙鹤告瑞的景象。

赵佶惊诧这一"奇景"，此等吉兆对于已经风雨飘摇的北宋来说，是多么难得呀！于是他亲自作画，描绘了这次祥瑞情景。画毕，他意犹未尽，在画卷的左侧又提笔书写了自己独创的瘦金体，记述了这幅画的来历和故事："政和壬辰，上元之次夕，忽有祥云拂欎（yù），低映端门。众皆仰而视之，倏（shū）有群鹤，飞鸣于空中。"

这天是政和二年（1112年）正月十六的傍晚，吉兆和赋予了情感的画作一定让他畅想和寄托了理想中家国的模样，可惜一代艺术家皇帝终究不是治国之材，浪漫的情怀抵不住刀兵战火，15年后，金人为北宋敲响了丧钟。

中国古代书法与绘画　253

天水摹张萱《虢（guó）国夫人游春图》卷

宋代　佚名
绢本设色
纵51.8cm　横148cm

《虢国夫人游春图》原本是唐代画家张萱的画作，可惜原作已佚，此卷是北宋宫廷的摹本，描绘的是天宝十一年（752年），虢国夫人及其眷从盛装游春的情景。

游春是唐代社会的风俗，以每年的三月初三为盛。为了让佳人游春时有好去处，唐玄宗特意将汉武帝营建的皇家园林大加扩修，引水注池，修葺（qì）亭台楼榭，使之成为楼阁连绵、花树繁茂的游览胜地。每至此时，皇家贵妇都会在此游赏，喜欢热闹的虢国夫人自然也不例外。

虢国夫人是唐玄宗宠妃杨玉环的三姐，她生活奢侈。图中她身着淡青色窄袖上衣，披白色花巾，穿描金团花的胭脂色大

杨花春行众人从

裙，裙下微露绣鞋，轻点在金镫（dèng）上，就连坐骑上都配有金缕银丝的绣织，十分富丽。

　　游春队伍共有八骑九人，前呼后拥，浩荡如花团锦簇。虢国夫人双手握缰，体态丰姿绰约，雍容华贵，丰润的脸庞上，淡描蛾眉，不施脂粉，鬓发如漆，高髻低垂，与其妹并辔而行。

　　虽说画的主题是"游春"，背景却不落半点墨痕，既不见青草绿木，又没有春水鲜花，然而观者竟能感受到风和日丽的春天气息，足见作者的非凡才能和高超的绘画技巧。

　　唐代大诗人杜甫曾作诗《丽人行》讽刺虢国夫人游春的场景，诗中最后几句这样写道："杨花雪落覆白苹，青鸟飞去衔红巾。炙手可热势绝伦，慎莫近前丞相嗔。"其中"杨花"是隐语，以曲江暮春的自然景色来影射虢国夫人，讽刺了杨家兄妹骄纵荒淫的生活。杜甫的《丽人行》与《虢国夫人游春图》相对应，从一个侧面反映了当时杨氏一家势倾天下的奢侈生活，揭露了君王的昏庸和时政的腐败，暗示着唐代由盛转衰的前兆。

家学渊源血脉传

《太白山图》卷（局部）

元代　王蒙

纸本设色

纵28cm　横238.2cm

　　王蒙（1308—1385年），字叔明，号黄鹤山樵、香光居士，吴兴（今浙江湖州）人。他是元代大画家、书法家、文学家赵孟頫（fǔ）的外孙，王蒙的画风深受外祖父影响，后来师法王维、董源、巨然等人，综合出独具风貌的新风格。王蒙与黄公望、吴镇、倪瓒（zàn）合称"元四家"。

　　王蒙的《太白山图》是中国山水画史上的赫赫名迹。图

绘浙江勤县太白山天童寺及寺前松林等景物。那年，王蒙应天童寺住持邀请做客。此时的太白山苍松丹棚，古道通幽，置身于此，时间似乎凝固，只剩望不尽的莽莽苍苍。或为答谢住持盛情，感于太白山美景，王蒙绘下了这幅传世名画，并赠送天童寺。

全图笔墨繁密，以牛毛皴（cūn）写稠密之景，以朱砂及花青点染，细腻与粗犷完美结合，大气磅礴，独步天下。王蒙独创的牛毛皴技法，墨不浓，笔不湿，杂而不乱，密而不闷，灵动交错，细如牛毛。这种短小卷曲的效法形态正好适合表现南方松软的土质，也能很好地烘托出南方繁茂的植被。

人间痴字最难得

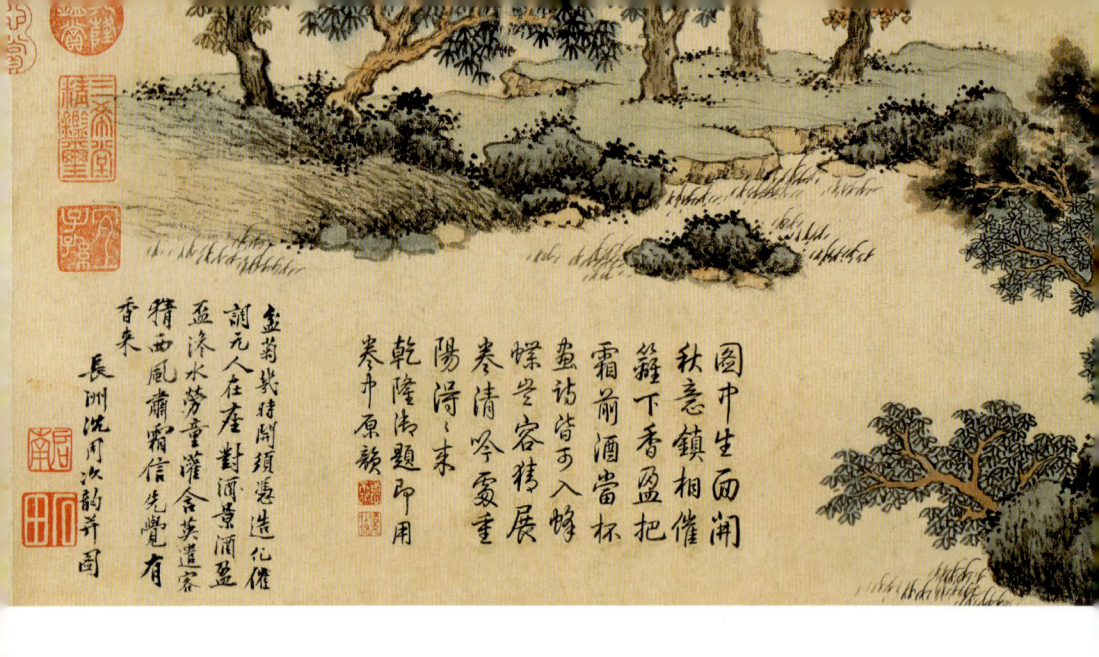

《盆菊幽赏图》卷

明代　沈周
纸本设色
纵23.4cm　横86cm

沈周（1427—1509年），字启南，号石田、白石翁，长洲（今江苏省苏州市）人。他出身于富裕的书香绘画世家，从小衣食无忧。其一生居家读书，吟诗作画，追求精神上的自由，从未应科举征聘。

他早年临摹"元四家"作品，晚年逐渐形成自己的风格，其画风苍劲朴拙，拙中藏巧，开创了吴门画派，是唐寅、文徵（zhēng）明的老师，为"明四家"之首。

此图是他中晚年的代表作之一，图绘明代官员傅瀚等人相约赏菊的情景。大明朝弘治年间的一个秋天，礼部尚书傅瀚邀请两位好友来家中雅集赏菊。这本是明朝的风雅文人司空见惯的场面，却没想到，好友来了，菊花未开，便提议作"催菊诗"，期待菊苞早露花容。于是，一水、两岸、三

258　辽宁省博物馆

人，在茅屋内，对花把盏。画卷最右边显露面容、穿戴官服的便是傅瀚，事后他邀请沈周把当时的场景描绘出来。可沈周不在现场，甚至都没去过京城，这该怎么画呢？

  沈周把这次聚会的环境画成了幽静无人的江南，倒不是沈周画不出京城庭院的风格，只是傅瀚本是南方人，沈周早知他有归隐回乡的心思。"一水两岸"式的构图被江南的画家们广泛使用，以传递隐逸于山水的文人生活。江南文人的这种清欢和快意，身在京城的傅瀚自然是望而不得。于是，沈周用笔给傅瀚在京城"建造"了一片逍遥的世外桃源，画出了傅瀚的心中所想。

  沈周一直备受时人尊敬和称赞，不仅因为画好，更因其善良真挚的人格魅力。中年以后，沈周画名日盛，向他求画的人络绎不绝。无论是富商官员还是贩夫走卒，沈周一视同仁，一概应之。甚至有人拿临摹他的赝（yàn）品登门请他题款，以便卖个好价钱来赡养母亲，他非但不厌恶，反而为之润色补笔，再盖下自己"神仙中人"的印章，使得这些作品看上去真的是自己所画，可见他豁达大度的大师风范。

曲水流觞情谊长

《兰亭雅集图》卷（局部）

明代 文徵（zhēng）明
纸本设色
纵26.7cm 横77.8cm

　　文徵明（1470—1559年），名壁，字徵明，更字徵仲，号衡山，自号衡山居士，人称"文待诏"，长洲（今江苏苏州）人，祖籍衡山，"明四家"之一。他出身仕宦之家，早年曾多次参加科举考试均未考中，后被巡抚李充嗣（sì）向朝廷举荐为官，短期为官后他毅然选择辞官回家，专心以卖画为生。文徵明性格细腻温柔，善良随和，其画作处处透露出平易素雅。

　　"兰亭雅集"的故事得追溯到1000多年前的三月初三。那

天，王羲（xī）之和他的朋友们到今天绍兴兰亭村水边嬉游。江南三月，惠风和畅，流水潺潺。为了活跃气氛，有人提议曲水流觞（shāng）。于是，众人散坐在蜿蜒曲折的溪水两旁，将斟酒的羽觞放入溪中，让其顺流而下，若觞停在谁的面前，谁就得赋诗一首，若吟不出，则要罚酒三杯。为纪念这次风雅集会，半醉半醒的王羲之乘着酒兴，用鼠须笔在白蚕纸上挥毫泼墨，写就被后人誉为"天下第一行书"的《兰亭集序》。

兰亭集会，汇集了一众诗书画家，也让后世的文人雅士心向往之。《兰亭集序》以文字记录了众人的所感所思，《兰亭雅集图》则以绘画描绘了当时的场景。

此图为文徵明63岁时所画，构图严谨，树石皴染工稳，人物勾勒精到，姿态各异，赋色雅致，与祝允明书《兰亭集序》交相辉映，堪称双璧。

江南繁景又清明

《清明上河图》卷（局部）

明代　仇（qiú）英

绢本设色

纵32cm　横987cm

　　仇英（生卒年不详），字实父，一作实甫，号十洲，太仓（今属江苏）人，后移居苏州。仇英家境贫寒，幼年失学，初为漆匠，兼为人彩绘栋宇，但他酷爱绘画，把为人绘制房屋的每一幅装饰画都当成自己的艺术作品，创作态度一丝不苟。他在苏州结识许多名家，后得到画家周臣的赏识，亲自教他画画。他临摹了大量古人的画作，画技和审美都有了巨大的进步。后来，仇英成为全能型职业画家，人物山水、工笔写意均

能作。他与沈周、文徵（zhēng）明、唐寅并称为"明四家"。

宋代市民文化非常发达，描绘民生情景的风俗画林林总总，张择端的《清明上河图》是其中的代表作。此卷《清明上河图》是仇英以张择端的《清明上河图》的景物布局为借鉴，融入了自己的想象与创作，描绘了明朝时期苏州城远近郊、城内、宫城等清明佳节的情景。

明代绘画临摹并非对原作品全盘接受，绘画者通常要迎合市场选择，与时俱进地演绎当时民间的状态。仇英在创作此图时也不例外。张择端的《清明上河图》以北宋汴京为题材，一共出现了814人，而仇英的《清明上河图》的人物数量更是超过2000人，神态各异，将繁华喧嚣的人文景观生动地纳入长卷之中。仇英对色彩的运用独具匠心，他将当下较流行的颜色掺杂其中，采用了青绿重设色的方式，典雅清丽，妍而不媚。

师古摹古神相洽

《临富春山居图》卷（局部）

清代　王翚（huī）
纸本水墨
纵36.5cm　横475cm

　　王翚（1632—1717年），字石谷，号耕烟散人、剑门樵客、乌目山人、清晖老人等。其出生于苏州常熟的一个书画世家，自幼受家庭影响，喜爱绘画。20岁时，拜"清初四王"之首的王时敏为师。王时敏对这位年轻人的悟性大为惊异，便安排王翚在乡间别墅，一边让他游赏山水，一边倾己家藏古画供他研习临摹。因此，王翚能够师法自然，又得以纵观前人名迹无数，因而谙熟宋元诸家技法，融会南北诸家之长，其尤爱古人笔墨画风，重视笔墨的抒情达意与格调高雅，尤其擅长山水和花鸟画，后被尊为"画圣"，终成清初

画坛"四王"之一。

《富春山居图》是传世名作,有"画中兰亭"之称,是"元代四大家"之首黄公望的代表作。借鉴古人的经验是画家个人艺术发展不可缺少的一步。明、清以来,《富春山居图》曾为不少书画家所临仿,王翚也不例外,曾数次临摹,流传至今的本子仍存三卷。

他的挚友恽寿平曾在《南田论画》中对王翚临摹《富春山居图》有三次详细记载,深刻道出王翚三临前后的变化。第一临:"犹为古人法度所束而未得游行自在";第二临:"有弹丸脱手之势";第三临:"与古人精神相洽……信笔取之,不滞于思,不失于法,适合自然"。

此卷为康熙二十五年(1686年)玉峰池馆临本,在此之前已有多次临摹。画中笔墨技法纯熟,将原作中的披麻皴(cūn)体悟、运用得淋漓尽致。通过多次临摹,王翚在师古人的过程中,最终参悟了黄公望的心境,并且在画作中渗入了自己的个性和意蕴,正所谓"师古人之心而非师古人之迹"。

西岭云霞君王赏

《西岭云霞图》卷（局部）

清代　王原祁（qí）

纸本设色

纵38.8cm　横344.6cm

　　王原祁（1642—1715年），字茂京，号麓台、石师道人，江苏太仓人，是大画家王时敏的孙子。王原祁在其祖父的熏陶下，从小好学，过目成诵。十岁时，已能画小幅山水画。当王时敏看到孙子的画时，大为惊奇，说道："此子业，必出我之右。"王原祁不负众望，既承董其昌及王时敏之学，又受清代最高统治者赏识，是"清初四王"中年龄最小却成就最高的一位。其山水画精研宋元法度，主要受元代

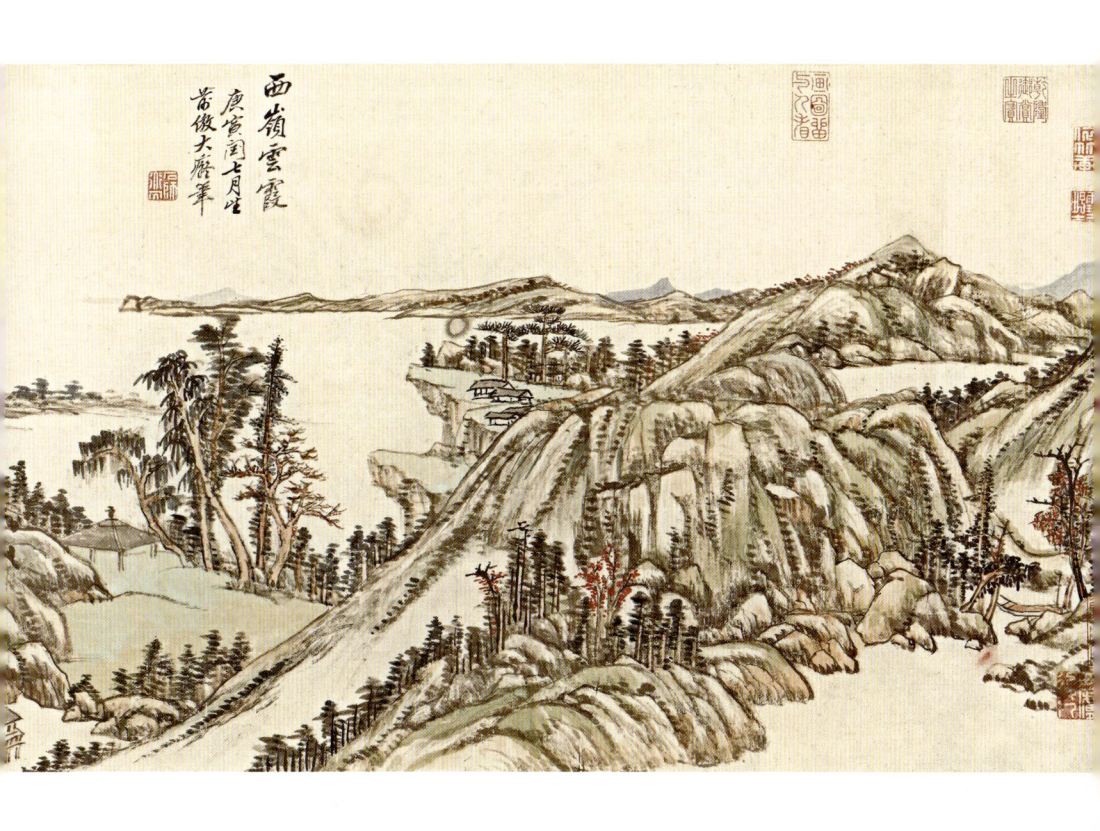

黄公望影响，干湿并用，深得祖法。画面显得浑然一体，山水格局面目影响后世，弟子颇多。

此图是王原祁69岁时所画。图中山峦连绵，湖水浩渺，山水间云霞飞动，屋宇板桥错落，章法繁而不乱、疏密有度。画卷右面沟壑溪水之中，藏一小船，半山起伏掩映几户人家，与山下村庄遥遥相望。中部远山若隐若现，近处丛竹茅舍，溪泉入湖。画卷左面，通过留白表现的云与水，将远近高低的庄野山色融为一体。

王原祁的山水画讲究来龙去脉的气象，也就是所谓"画中气势"。置身于王原祁的山水之中，能感受到层峰叠翠、蜿蜒起伏的秩序感，好像有一种君尊臣卑、主山辅岭的庙堂之气。正因为这种庙堂之气，王原祁的绘画极受皇帝赏识与推崇，康熙曾亲笔为他写下"画图留与人看"的褒词，成为清代绘画领域正宗流派的代表。

轉過青山又一山 幽蘭藏躲路迴環 蒙香國裏誰能到 容我書獃屋半間 板橋鄭燮

四时不谢百节青

《幽兰图》轴

清代　郑燮（xiè）
纸本水墨
纵91.6cm　横51.4cm

郑燮（1693—1766年），字克柔，号板桥，江苏兴化人，出身于书香门第。康熙末年中秀才，雍正十年（1732年）中举人，乾隆元年（1736年）中进士，50岁起先后任山东范县、潍县知县计12年，是清代比较有代表性的文人画家。后来被贬官，居于扬州，卖画为生。工书善画，尤以画兰竹著称，为"扬州画派"代表画家之一。郑燮一生坎坷，饱尝酸甜苦辣，看透世态炎凉，他把这一切都糅（róu）进他的作品中。因此，一生只画兰、竹、石，自称"四时不谢之兰，百节长青之竹，万古不败之石，千秋不变之人"。因其独具艺术创新的言行和长期流寓扬州卖画，又被列为"扬州八怪"之一。

《幽兰图》绘坡岩上兰草丛生，侧锋浅墨勾勒山坡，新竹点缀其间，兰叶、竹叶均用浓墨撇写，淡墨写兰花，浓淡相衬，墨色酣畅。画右侧题诗："转过青山又一山，幽兰藏躲路回环。众香国里谁能到，容我书呆屋半间。"郑燮翻山越岭，不以俗人为伍，但求住在幽谷之中，与兰花长相厮守。

孔子曾说："芝兰生于幽谷，不以无人而不芳；君子修道立德，不为困穷而改节。"此后，兰花便有"君子之花""空谷佳人"的雅喻。古人常用"兰章"喻诗文之美，"兰交"喻友谊之真。

郑燮笔下的兰花虽然生于幽谷，与荆棘、杂草共处，却卓尔不群，正是画师自身的性格写照。正是这种不入流俗的孤傲转化成一株株别具一格的兰花，丰厚了兰的意蕴，成就了《幽兰图》。

江南都会繁华景

《姑苏繁华图》卷（局部）

清代　徐扬

纸本设色

纵36.5cm　横1241cm

徐扬（生卒年不详），字云亭，苏州吴县人，他擅长人物、山水、界画，花鸟草虫亦生动有致。清朝乾隆十六年（1751年），乾隆皇帝南巡到苏州，徐扬和同乡张宗苍献上了自己的画作，得宠，二人为内廷画院供奉，后钦赐举人，授内阁中书。

康熙皇帝和乾隆皇帝都曾六下江南，到苏州巡游，乾隆皇帝对这座经济、文化发达的城市青睐有加，于是命画师徐扬创作了这幅旷世巨作《姑苏繁华图》。由于徐扬对苏州的

人文历史了如指掌,因此他所绘的《姑苏繁华图》也是有感而发。

此图全长12米多,比张择端的《清明上河图》还长一倍多,被称作"古今第一长卷"。徐扬每年画半米,这一画就消磨了他24年,他把18世纪中叶苏州城的市井风情、百业兴旺的情景展现得淋漓尽致。

明清时期的苏州是江南著名的大都会,徐扬在此图中记录下了当时阊(chāng)门商业繁茂的景象。阊门是苏州古城门的八门之首,始建于春秋时期。《红楼梦》开头就说:"有城曰阊门者,最是红尘中一二等富贵风流之地。"京杭大运河、山塘河、内城河以及南北护城河等汇集于此,以至阊门十里长街,万商云集。当时这里各行各业应有尽有,各省会馆纷列其间。

画卷布局精妙严谨,气势恢宏。画中有4800余人,近400只船,50多座桥,200多家店铺,2000多栋房屋。在这幅宏伟的画里,既见城外山峦重叠,又览城内百态民生,是清代风俗画的巨作。

同治年未秋月 趙之謙畫于都門

人间富贵谷雨花

《牡丹图》轴

清代　赵之谦
纸本设色
纵126cm　横63.5cm

赵之谦（1829—1884年），初字益甫，号冷君；后改字撝（huī）叔，号悲庵、梅庵、无闷等，浙江会稽（今绍兴）人。清代著名书画家、篆刻家。与吴昌硕、厉良玉并称"新浙派"的三位代表人物，他在书法方面可谓多才多艺，真、草、隶、篆的笔法融为一体，相映成趣。他的写意花卉，古拙雄浑、笔墨酣畅，色彩浓丽，为"海上画派"的重要画家，齐白石等大师从他处受惠良多。

此图中画黝黑巨石一块，其上旁生牡丹一株，牡丹枝壮叶密，花开灿烂，二粉一青一白，彰显华丽富贵；花朵或用没骨，或用双勾，行笔快活，以写代描，将书法的用笔以及金石的铿锵意味带入画中，不拘小节。

自古擅画牡丹者甚多，可真正能把牡丹画得优雅不俗的却少之又少。赵之谦的《牡丹图》设色浓丽，水、墨、色相交融，去其秀媚而成恢宏，于富丽中却见粗犷豪放之气。在布局上，上密下疏，牡丹于画左直冲云霄，突出了牡丹的"花魁"气质。

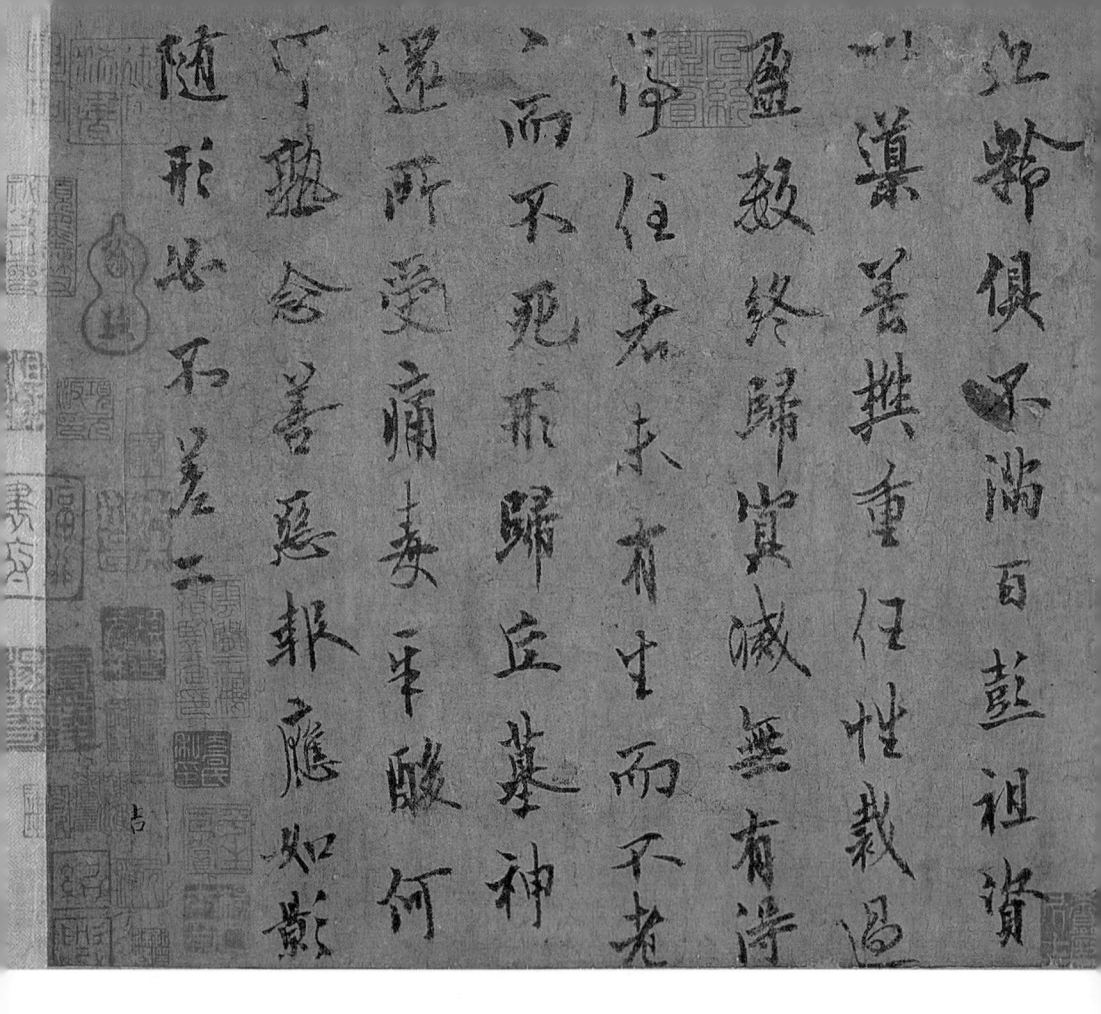

三史八体塑名家

《仲尼梦奠帖》卷

唐代　欧阳询
纸本
纵25.5cm　横33.6cm

此帖是唐代著名书法家欧阳询的行楷作品，是中华十大传世名帖之一。其上有多位名人洋洋洒洒的跋文，画心上钤（qián）盖的历代收藏印记重要者有："御府法书""绍兴""福禄书府""赵氏子昂""项子京家珍藏""高士奇图书记""云间王鸿绪鉴定印"以及乾隆、嘉庆、宣统诸玺印

等,并有乾隆御书引首:真迹无疑。

欧阳询(557—641年),字信本,潭州临湘(今湖南长沙)人,历仕隋唐两代,深得唐太宗李世民的重用。他博古通今,尤精"三史";书法八体皆能,学"二王"之风,参以隶法,劲险刻厉,自成面貌,世称"欧体"。他在中国书法艺术发展史上居"楷书四大家"之首,另三位是唐代的颜真卿、柳公权和元代的赵孟𫖯(fǔ)。欧阳询传世墨迹多数为碑拓,如《九成宫醴(lǐ)泉铭》《化度寺碑》等,其墨迹绝少,此帖在欧氏仅存的四件墨迹作品中最为典型。因此,这件书法真迹十分珍贵。

此帖内容与孔子弟子曾子有着千丝万缕的联系。据传,此帖是由孔子的学生曾子所创作:在孔子年近七十之际,他希望以此帖表达对恩师的崇敬与感激之情,便将孔子授之的智慧浓缩于一块小小的石碑上。

此帖正文:"仲尼梦奠,七十有二。周王九龄,岂不满百。彭祖资以导养,樊重任性,裁过盈数,终归冥灭。无有得停住者。未有生而不老,老而不死。形归丘墓,神还所受,痛毒辛酸,何可熟念。善恶报应,如影随形,必不差二。"

梦奠的意思是指死亡。这个词语的来源是《礼记·檀弓上》中记载的孔子临终前的一个梦境,孔子在梦中坐在两楹(yíng)之间进行祭奠,之后预感到自己将不久于人世。因此,"梦奠"后来被用来比喻死亡。

《仲尼梦奠帖》早在北宋时即已问世,它原是欧阳询记叙古人逸传事迹的多种短书之一。又经南宋、元、明、清时期多人之手辗转,最后此帖进入清内府,辛亥革命后被溥仪盗出清宫,东北解放后,归辽宁省博物馆收藏。

有学者研究发现,《仲尼梦奠帖》上共有152枚各年代的鉴藏印,它们见证了该作长达1000多年的收藏历程,是一件传承有绪的书法精品。

中国古代书法与绘画 275

风骨神韵可比真

《万岁通天帖》卷

唐代（武则天时期）

纵26.3cm　横253.8cm

　　《万岁通天帖》又称唐摹《王羲之一门书翰》《王氏宝章集》，硬黄纸本，行草书，是东晋王羲之等七人十帖的唐摹书法精品。

　　唐太宗李世民十分崇尚东晋王羲之的书风，将其推至"书圣"的至尊地位，此后王羲之独步书坛，领风骚千百年而不衰，成为中国书法史上最具影响力的书法家。然而"书圣"真迹均已被历史无情湮没，没有一件留存于世，令人扼腕。时至今日，最宝贵的是唐代从"书圣"真迹上勾摹复制的摹本，《万岁通天帖》便是这样一件唐代摹本。

　　由于王羲之真迹无一传世，研究王羲之的石刻或摹本成为学习王羲之书法的最佳方式。古代"临"与"摹"不同，"临"是看着真迹临写；"摹"是把纸蒙在真迹上，用淡墨细线勾出轮廓再加以填墨。"临本"带有书法家自己的风格，会失去王羲之的真迹风貌。相对而言，"摹本"的忠实度很高，轮廓逼真。

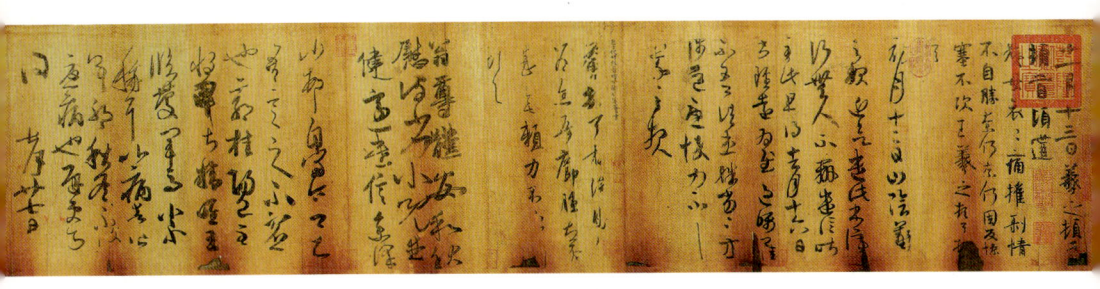

王羲之（303—361年），字少逸，因任右军将军职，故而世称王右军，东晋书法家。他隶、楷、行、草诸书体兼善，俱入神妙之境，后世学习书法者和评论书法者均推崇王羲之为书家最高典范，他的代表作《兰亭序》被誉为"天下第一行书"。

　　王羲之所在的琅邪王氏家族成员的书法实力同样不容小觑。琅邪王氏真正的"传家宝"集合了王羲之等大部分家族成员的字迹，只不过一直秘而不宣，从未有旁人见过。直到武则天当政时，琅邪王氏后人——王方庆才把这一本家藏先人墨迹悉数进献，内容包括了王羲之在内的王氏家族28人的书翰，共计十卷。武则天获得此帖后，未以帝王权威据为己有，而是复制拓印，仅留摹本收藏于内府，将真迹缋（huì）还给王氏。

　　朝代更迭，世事变迁，摹本传至宋代时已残缺不全。明清之际，所剩残卷又遭遇两次火劫，重新修订编整后，顺序错乱，篇幅减短，从最初的十卷28人书，变为七人共计十帖。后被末代皇帝溥仪携出清宫，入藏辽宁省博物馆，最终装裱成为这卷《万岁通天帖》。现存的《万岁通天帖》包含王羲之、王荟、王徽之、王献之、王僧虔、王慈、王志七人十幅书法摹本。

中国古代书法与绘画　277

《论书帖》卷

纵38.5cm 横40.5cm

怀素（737—799年），唐代杰出书法家，史称"草圣"。俗姓钱，字藏真，怀素为僧名，他早年出家为僧，永州零陵（今湖南永州）人，后移居长沙。"大历十才子"之一钱起的侄子。他从小机敏好学，但因家中贫苦，无法读书，十岁时突发奇想，哭着恳求父母让他出家为僧。怀素进了寺庙后，由于买不起纸张，在寺院的墙壁上、器皿上，就连庙外的芭蕉叶上，都写满了练习的书法。最夸张的时候，他一天喝醉九次，喝到兴起，便随意挥毫涂鸦。怀素这种洒脱、独特的性情，令他的好友李白颇为欣赏。于是，李白以自己浪漫主义和极其夸张的想象力，专门写了一首《草书歌行》盛赞他。

书法中有一个词叫"书宗晋唐"，意思是学习书法要尊崇晋代和唐代。这是因为晋唐时期的书法被认为是中国书法史上的最高峰。比如，中国最著名的书法家便是东晋的王羲之，而唐代则是中国书法史上草书完善成熟的时期。晋代和唐代书法真迹存世的屈指可数，怀素书的《论书帖》是其一。

此帖是怀素用85个字写给朋友的一封信，大意是，他从王羲之的《二谢帖》中悟出了一些书法精髓。其极为精雅的小草洋溢着东晋王羲之书法的风神气息，每一字，飞动轻灵，富于变化，无半点拖沓。

有人称赞怀素的草书，千年来无人出其右者！在中国书法史上流传着"颠张狂素"的美谈，其中"张"为唐代草书大家张旭，"素"即指怀素。

狂僧挥毫成"草圣"

狂肆大作多辗转

《草书千字文》卷（局部）

北宋　赵佶（jí）

纵31.5cm　横1172cm

　　赵佶（1082—1135年），号宣和主人，是宋朝的第八位皇帝宋徽宗。他虽然治国无方，但是在书法绘画上登峰造极，尤其是他自创的"瘦金体"独步书坛，他的草书也极其绝妙。

　　《草书千字文》是赵佶40岁书法大成时的精意之作。相传，当时正是他的生辰寿宴，酒酣正浓时，他大笔一挥，一气呵成，写下了这卷极少传世的"狂肆大作"。

　　书写所用的描金云龙底纹白麻纸，长为11.72米，没有半点拼接痕迹，这是中国古代最早、最长的无接缝宣纸。专家推测，仅制作这张纸就要耗时三年之久。历代收藏家对它倍加珍惜，才使得纸墨保持完整如新，不负"天下第一绝世墨宝"的盛名。

　　有学者认为："徽宗千文，书法怀素。"意思是赵佶的《草书千字文》可能是临写怀素之本。的确，赵佶草书风格源于怀素，有怀素的诡谲（guǐ jué）之态。其实，两宋的草书名家大都师法张旭、怀素，然而草书难摹，尤其是狂草更是如此。何况此文为长卷，若为临写，多少会有板滞的运笔痕迹。赵佶此卷狂草不仅行笔飞动，流畅潇洒，而且相较于怀素，更加大开大合，气势淋漓尽致。

　　此作问世不过五年，北宋灭亡，该作被金人掳走，后来辗转流回南宋。后为诸家递藏，现藏于辽宁省博物馆。

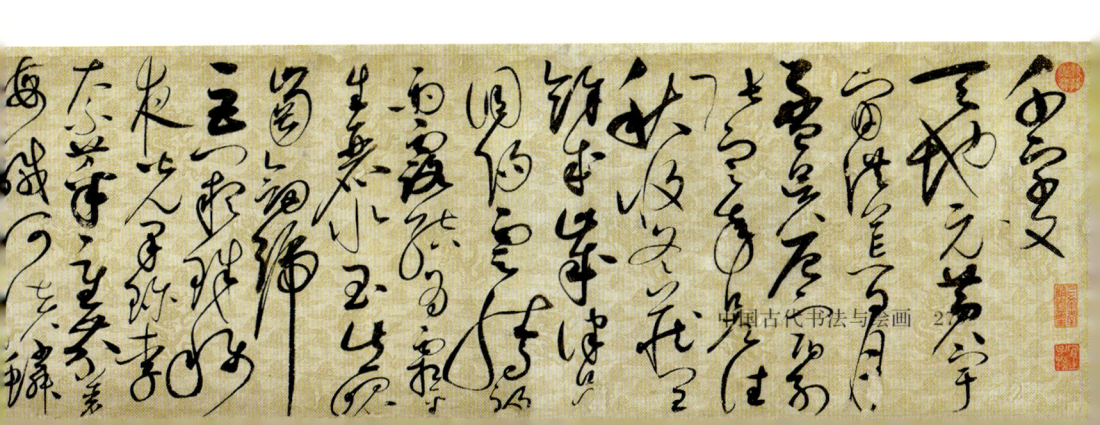

《秋声赋》卷(局部)

元代 赵孟頫(fǔ)

纵34.8cm 横182.2cm

皇家血脉自不凡

　　赵孟頫(1254—1322年),字子昂,号松雪道人,又号水晶宫道人、鸥波,吴兴(今浙江省湖州市)人,宋太祖赵匡胤的十一世孙,宋末元初书法家、画家和文学家。于南宋末年曾任真州司户参军,宋亡后隐居不仕,至元二十三年(1286年),被多次举荐后领命,被授为兵部郎中。赵孟頫博学多才,不但是南宋晚期至元朝初期的官员,还精通诗词音律,擅长正书、行书和小楷,提出了"书画同源"一说,对后世影响深远。

　　《秋声赋》是宋代大文豪欧阳修的辞赋。当时欧阳修53岁,虽身居高位,但见秋风萧瑟、草木摧折,于是触景生情,回首往事,感慨"百忧感其心,万事劳其形",遂作此赋,抒发苦闷和感悟。

　　赵孟頫以大字行书抄录欧阳修《秋声赋》全文,总40行,共414字。此卷深得王羲之笔意,行笔挺劲洒脱,妍润多姿,字字工整纯熟,是一件集前人大成之作。此作先后被康熙皇帝和乾隆皇帝收藏过,款识上有康熙皇帝御书钤(qián)印"康熙御笔之宝"。

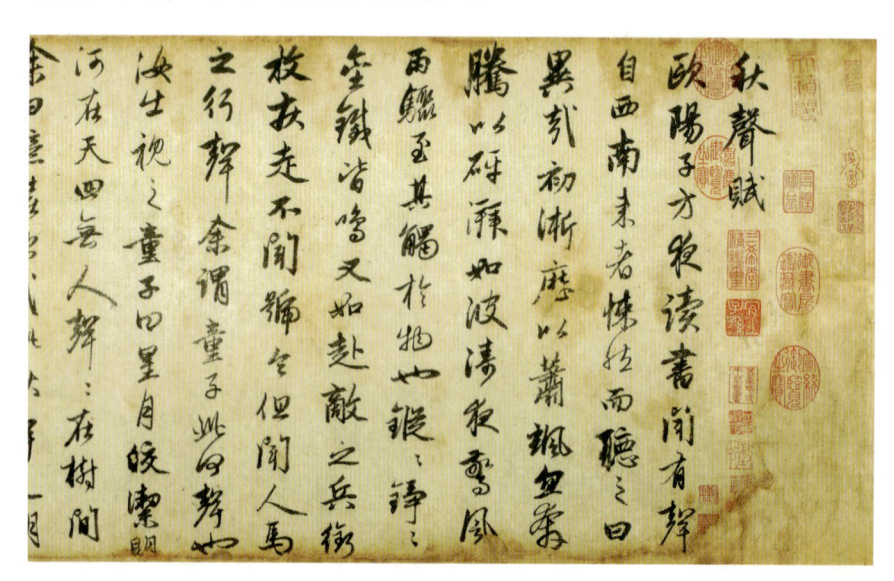

《自诰身贴》卷（局部）

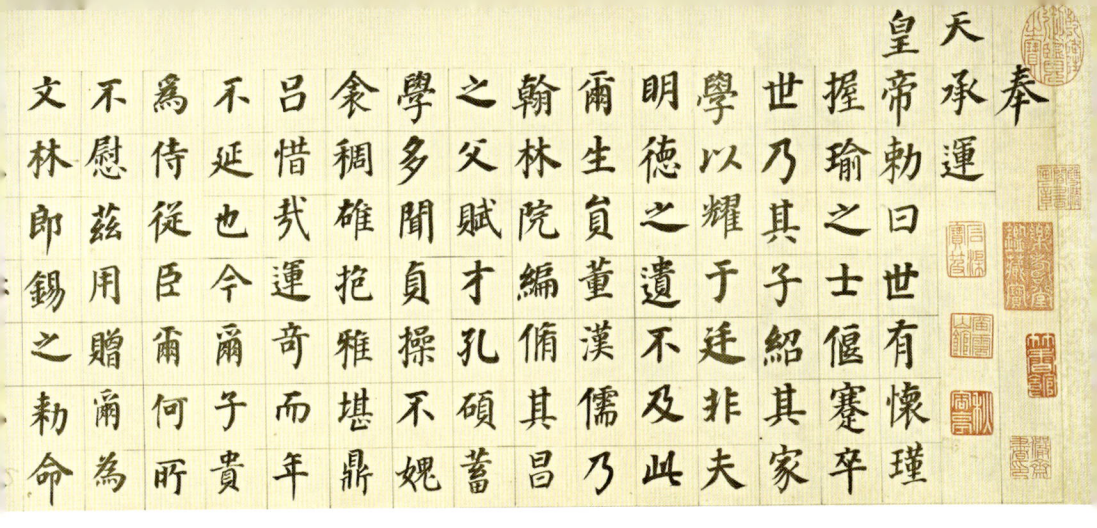

明代　董其昌

纵26.8cm　横414.3cm

楷书模范落圣旨

　　董其昌（1555—1636年），字玄宰，号思白、香光居士，松江华亭（今上海市）人。明朝后期大臣、书画家。

　　《自诰身帖》是明代万历年间的一部圣旨。开头即是"奉天承运皇帝敕曰"。诵读圣旨时，断句当为"奉天承运皇帝，敕曰"，意思是："皇帝遵照上天的旨意，下达命令。"这种叫法最早是明朝的开国皇帝明太祖朱元璋发明的。

　　明朝时，圣旨通常不是皇帝亲自书写，而是由内阁或司礼监起草和代笔，这卷《自诰身帖》是董其昌的手笔。这部圣旨分前、后两段，前段为追封其父董汉儒、母沈氏告身，后段为封董其昌本人及夫人龚氏等告身。"告身"是古代授官的凭信，类似后世的任命状。也就是说，圣旨上写的是自己家的事。因此，董其昌下笔格外用心，不敢有丝毫的怠慢，每个字都堪称模范。

　　董其昌以楷书写就此帖，有颜真卿的率真意味，书法工整，行笔不苟，但他拉开字距和行距，让整体看起来更加空灵、秀润，形成了自己独特的楷书风格。这与其提倡的临古在形似的基础上，要发现自我、脱去拘束、关注本色和心性的思想一致。

国书难著草书狂

《龙王社鼓》诗轴

清代　傅山
纵200.5cm　横50cm

傅山（1607—1684年），初名鼎臣，字青竹，后改字青主，又有浊翁、观化等别名，山西太原人。明末清初道家思想家、书法家、医学家。他引领了草书艺术的纵深发展，一直影响到现在。

《龙王社鼓》是傅山书法创作中极具特点又与众不同的精彩之作，与他其他大笔浓墨、横扫千军的作品相比，要温柔许多。他以连绵不断的圆曲代替方折，似随心所欲，信手而成。这种"弧圈化"的处理方式虽然受到诸多书家的批评，但无疑也打破了传统平淡清逸的格局，是书法的一次大胆革命，成就了傅山行草书的独特面貌。

《龙王社鼓》是傅山自己的诗作，描写了春节社火的景象与心情。社火起源于中国上古祭祀活动，现在仍是民间的文化娱乐活动，尤其是在西北地区，每逢春节或重大节日，各地村落都有社火表演。

傅山一生特立独行，被认为是明末清初保持民族气节的典范人物。其家族自明初世代为官。明亡后，他写下"哭国书难著，依亲命苟逃"的悲痛诗句。从此入山为道，身披朱衣，自称"朱衣道人"，以行医做掩护，私下反清复明，至死未能如愿，下葬时，他仍穿一身朱衣。

浓墨宰相书清廉

《行书远景楼记》轴（局部）
清代 刘墉
纵165cm 横56.1cm

刘墉（1719—1805年），字崇如，号石庵，另有青原、香岩、东武、日观峰道人等字号，人称"刘罗锅"，山东诸城人。清代乾隆时期政治家、书画家、文学家、史学家。他以奉公守法、清正廉洁闻名于世。

刘墉不仅是一位清廉的政治家，他才华横溢、涉猎颇广，尤其是书法造诣非常深厚，善学前贤而又富有创造性，对传统书法有创新之功。其用墨厚重，体丰骨劲，"以浓用拙，以燥取巧"，书法曾有"墨猪"之诮（qiào），被世人戏称为"浓墨宰相"，是乾隆朝四大书法家之一。

《行书远景楼记》作于刘墉73岁时，颇能体现其晚年书风。此时，刘墉的书法褪去了空灵和飘逸，达到了古拙和恬淡的境界。全篇墨气浸润，貌丰骨厚，味厚神藏，有魏晋之风。"墨猪"看来肥厚臃肿，实际却是"绵里裹铁"，非但不呆板，反而在朴素的外表下藏着趣味。

生字词注音释义

顺序	生字词	释义
A	庵（ān）	1.古代器皿名。2.同"庵"。圆形草屋。
B	箅（bì）	有空隙，起间隔作用的器具。
	镖（biāo）	1.旧时的一种投掷暗器。形似矛头，铜铁等金属制成。2.旧时称替别人护送财物的行业。
	亳（bó）	地名用字。
	镈（bó）	1.古代锄一类农具。2.古代乐器。形似大钟，青铜制成。
	簸箕（bòji）	1.一种铲状器具，用以收运垃圾。2.扬米去糠的器具。3.簸箕形的指纹。
C	蟾蜍（chán chú）	无尾目蟾蜍科的两栖动物，分26个属，是蟾蜍动物的总称
	阊（chāng）	1.古代传说中的天门。2.宫门。
	谶（chèn）	预示吉凶的隐语。迷信的人认为将来会应验。
	鸱（chī）	鸱鹰。又名鹞子、鸢鹰、老鹰。一种猛禽，以小动物为食。
	铳（chòng）	用火药发射弹丸的管形火器。
	楮（chǔ）	1.木名。即构树。2.〈书〉纸的代称。
	皴（cūn）	中国画的技法之一。用淡干墨涂染以表现山石的峰峦纹理和树木枝干的脉络皱痕。
	撮（cuō）	本意为用手指抓取粒状物。
D	珰（dāng）	1.妇女戴在耳垂上的装饰品。2.借指宦官。汉代武职宦官侍中、中常侍等的帽子上有黄金珰的装饰品。
	镫（dèng）	马鞍两旁供骑马人蹬脚的脚踏。
	镝（dí）	箭头，也泛指箭。
	牍（dú）	1.古代写字用的木片。2.书信；公文。
E	厄（è）	1.困苦；困难。2.受困。3.险要的地方；险要的境地。
	珥（ěr）	用珠子或玉石做的耳饰。
F	矾（fán）	某些金属硫酸盐的含水结晶。有白、青、黄、黑、绛等颜色。白色为明矾，最常见，可供制革、造纸及制造染料、颜料等用。
	昉（fǎng）	1.明亮。2.开始。
	頫（fǔ）	同"俯"，向前屈身低下头（跟"仰"相对）。
G	觚（gū）	1.古代一种盛酒的器具。2.古代书写用的木简。
	钴（gǔ）	金属元素，银白色，能磁化。用于冶炼超硬耐热合金和磁性合金，也用作催化剂。
	毌（guàn）	古同"贯"。1.古地名。2.姓。

284　辽宁省博物馆

顺序	生字词	释义
G	鬹（guī）	古代陶制或铜制炊具。有三个空心足。
	庋藏（guǐ cáng）	收藏或置放。
	诡谲（guǐ jué）	奇异，奇怪，令人捉摸不透，变化多端。
	簋（guǐ）	古代盛食物的器具。圆口，两耳。
	虢（guó）	1.周代诸侯国名。2.姓。［虢国夫人］唐蒲州永乐（今山西芮城县）人，杨贵妃叔父杨玄琰之女（一说为杨贵妃的亲姊姊）。
	韝（gōu）	古代射箭时戴的皮制袖套。
	句（gōu）	1.古同"勾"（gōu）。2.用于"高句丽"（古国名）、"句践"（春秋时越国国王）。多音字，读jù时：1.句子。由词或词组组成的、能表达一个相对完整的意思、有一个特定语调的语言单位。2.量词。用于言语或诗文。
H	扞（hàn）	1.触犯。［扞格］互相抵触。2.同"捍"，保卫；抵御。3.古代射手保护手臂的皮制袖套。
	纥（hé）	［纥升骨城］中国东北少数民族高句丽文明的发祥地。
	鹘（hú）	回鹘，是中国少数民族部落。回鹘是维吾尔族祖先，由回纥改名而来。
	闤（huán）	同"环"，环绕。多音字，读（yuán）时，同"圆"。
	漶（huàn）	文字、图像等模糊不清。
	虺（huǐ）	青铜器纹饰的一种。以盘曲的小蛇的形象，构成几何图形。盛行于春秋战国时期。
	翚（huī）	古书中指一种有五彩羽毛的野鸡。
	撝（huī）	1.分裂；剖开。2.挥；挥散。3.指挥。4.挥动。5.挥手呵斥或挥手示退。6.谦抑。
	喙（huì）	1.鸟兽的嘴。2.借指人的嘴。
	濊（huì）	1.［汪濊］（水）盛多，如"云滂洋，雨汪濊。"。2.古同"秽"，脏；不干净。
	蠖（huò）	蠖是一种虫子，行动时身体向上完成弧状，俗称"吊死鬼"，槐树上居多，《易经》上说："尺蠖之屈，以求伸也。"［蠖屈］用来比喻人在怀才不遇时的屈身隐退。
J	佶（jí）	本意是健壮的样子，又通"诘"。在古汉语中它有正、健壮、又如之意。
	蒺藜（jí lí）	蒺藜科蒺藜属草本植物。
	偈（jì）	佛经中的唱词（梵语音译词"偈陀"的简称）。多音字，读"jié"时，1.奔跑迅速。2.勇武；健壮。
	霁（jì）	1.雨后或雪后天色放晴。2.怒气消散，表情变为和悦。3.晴朗；明朗。
	暨（jì）	1.太阳初出。2.到；至。3.连词。相当于"和""与""及"。

生字词注音释义　285

顺序	生字词	释义
J	稷（jì）	1.高粱。或以为小米，或以为黍。2.泛指粮食作物。3.五谷之神。
	缄（jiān）	1.封；闭。2.特指为书信封口（常用在信封上寄信人姓名后）。3.书信。
	釿（jīn）	1.古同"斤"，斧头。2.古代金属重量名，亦货币名。中国战国时期东方各国多以"釿"为单位，秦统一衡制时被废除。
	豇（jiāng）	[豇豆]一年生草本植物。茎蔓生或矮生，花黄白或淡紫色。果实为长条形荚果，长的可达二尺，两两并垂，可供食用。
	炅（jiǒng）	日光。
	柩（jiù）	装着尸体的棺材。
	玦（jué）	古时佩戴的玉器，半环形，有缺口。
	珏（jué）	合在一起的两块玉。
	橛（jué）	1.短木桩。2.树木或庄稼的残根。
K	龛（kān）	供奉神像、佛像或神位的小阁子或石室。
	恪（kè）	恭敬而谨慎。
	缂（kè）	我国特有的一种丝织手工艺。
	釦（kòu）	同"扣"，拴住；连接。
	圹（kuàng）	墓穴。
	夔（kuí）	1.传说中的山怪名。 2.古人名。尧舜时的乐官。
L	泐（lè）	1.石依纹理而裂开。2.雕刻；书写。
	罍（léi）	古代一种酒器，多用青铜或陶制成。口小，腹深，有圈足和盖。
	诔（lěi）	叙述死者事迹表示哀悼（多用于上对下）。
	醴（lǐ）	甜酒。甘甜的泉水。
	鬲（lì）	古代炊具，样子像鼎，足部中空。多音字，读"gé"时，1.用于人名。2.[鬲津]古水名，发源于河北，经山东入海。
	泠（líng）	1.古水名。在安徽，流入长江。2.清凉。
	绺（liǔ）	[绺裂]描述翡翠或和田玉有裂纹时的专业术语。
	卤簿（lǔ bù）	1.原指古代贵族出行时的护卫队伍。2.古代国家君主重大国事活动上的典章制度，代表着一国的体面和尊严。
	寽（lüè）	"锊"的古字。殷商重量单位。
M	邙（máng）	[邙山]山名，在河南洛阳。
	貊（mò）	古代汉族称北方少数民族的一种。
	靺鞨（mò hé）	中国古代居住在东北地区长白山、松花江、黑龙江一带的民族。即后来女真族的祖先。
N	捺钵（nà bō）	契丹语的译音，原指辽帝的行营。
	屰（nì）	古同"逆"，方向相反，与"顺"相对。
	溺（nì）	1.淹没；淹死。2.陷入危难或某种不好的境地。3.沉湎；无节制。

顺序	生字词	释义
N	耨（nòu）	1.农具名。似锄，用以除草。2.除草。
P	蟠螭（pán chī）	龙属的蛇状神怪之物，是一种无角的早期龙，对其有两种说法，一种是指黄色的无角龙，另一种是指雌性的龙。
	滂（pāng）	1.水势浩大的样子。2.[滂沱（tuó）]雨大的样子。3.泪多的样子。
	帔（pèi）	古代披在肩背上的服饰，妇女用的帔绣着各种花纹。
	骠（piào）	勇猛。
	骈（pián）	1.二马并驾一车。2.并列。3.对偶。
Q	戚（qī）	1.古代兵器，斧的一种。2.哀愁；悲哀。3.与自己家有婚姻关系的人。4.姓。
	祁（qí）	1.用于地名。祁县，县名（在山西）。祁阳（在湖南）。3.祁门（在安徽）。4.（qí）姓。
	葺（qì）	1.用茅草盖屋顶。2.修理（房屋）。
	钤（qián）	1.[钤记]印的简称。旧时较低级官员所用的印。2.盖印章。
	诮（qiào）	1.责备。2.讥讽；嘲讽。
	衾（qīn）	1.大被子。2.入殓后盖尸体的单被。
	銎（qióng）	斧子上安柄的孔。
	仇（qiú）	姓。
	衢（qú）	1.四通八达的道路。2.树枝的分岔；树杈。
R	轫（rèn）	1.阻碍车子滚动的木头。2.[发轫]比喻事业开始。
	糅（róu）	混合；混杂。
	襦（rú）	短衣；短袄。
	缛（rù）	1.繁密的彩色装饰。2.繁多；琐碎。
S	嗣（sì）	1.继承；接续。2.后代；继承人。
	觞（shāng）	盛满酒的酒杯。也泛指酒器。
	韘（shè）	古代射箭时戴在手上的扳指。多音字，读"xiè"时，通"渫"，疏浚。
	绶（shòu）	一种丝带。
	倏（shū）	相当于"迅速""忽然"。
	狻猊（suān ní）	是中国古代神话传说中龙生九子之一，形如狮，喜烟好坐，所以形象一般出现在香炉上，随之吞烟吐雾。
T	饕餮（tāo tiè）	中国古代神话传说中的一种凶恶贪食的野兽，四大凶兽之一。古代鼎、彝等铜器上面常用它的头部形状做装饰，叫作饕餮纹。
	匋（táo）	古同"陶"，陶器。多音字，读"yáo"时，1.古同"窑"，烧制砖瓦陶瓷等的建筑物。2.古同"窅"。
	畋（tián）	1.平田；耕种。2.打猎。
	舔（tiǎn）	[笔舔]又称笔砚，用于下笔之前验墨浓淡或理顺笔毫的文房用品。

生字词注音释义

顺序	生字词	释义
T	铤（tǐng）	跑得快的样子。多音字，读（dìng）时，古指铜铁矿石。
X	飨（xiǎng）	1.乡人相聚宴饮。2.设盛宴款待宾客。3.泛指请人享受。
	枭（xiāo）	1.即鸮。2.悬挂（砍下的人头）。3.强悍；不驯服。4.魁首；首领。5.旧时指私贩食盐的人。
	鸮（xiāo）	古代对猫头鹰一类鸟的统称。
	燮（xiè）	1.调和；协和。2.姓。
	宿（xiù）	量词。用于计算夜。多音字，读"sù"时，1.止宿；过夜。2.平素的；一向的。3.年老的；有经验的。4.有名望的人。读"xiù"时，星宿。指某些星的集合体。
Y	郾（yǎn）	地名用字。
	甗（yǎn）	古代炊具。中部有箅（bì）子。
	赝（yàn）	假的；伪造的。
	鳐（yáo）	[鳐鱼]鳐科中鳐属和近缘各属的任一种鱼。胸鳍高度发达使鱼体呈菱形，被广泛食用。
	曜（yào）	1.明亮。2.照耀。3.日、月、星都叫曜，日、月和火、水、木、金、土五星合称七曜，旧时分别用来称一个星期的七天，日曜日是星期天，月曜日是星期一，余者依次类推。
	鍱（yè）	1.薄铁片。2.用薄铁片包裹。
	懿（yì）	美好。
	氤氲（yīn yūn）	1.烟云弥漫的样子。2.形容香气不绝。
	楹（yíng）	1.厅堂的前柱。泛指柱子。2.量词。房屋一间为一楹。
	卣（yǒu）	古代盛酒的器具，口小，腹大。
	盂（yú）	盛液体的器皿。
	圉（yǔ）	1.牢狱。2.养马。3.养马的地方。4.边境。
	蓣（yù）	1.同"郁"，草木丛生繁茂。
	橼（yuán）	即枸橼。又名"香橼""佛手柑"。
	钺（yuè）	古代兵器。似斧而大，刃口呈弧形，长柄，金属制成，也有玉石做的。多用于仪仗。
Z	錾（zàn）	1.小凿子。2.在金石上雕刻。
	瓒（zàn）	古代祭祀时用的玉勺子。
	渣（zhā）	1.提炼出精华或汁液后剩下的东西。2.碎屑。
	徵（zhēng）	古同"征"，古代五音（宫、商、角、徵、羽）之一。多音字，读"zhǐ"时，表示征兆、标志、迹象等。
	锺（zhōng）	盛酒的器具。亦指酒杯。
	冢（zhǒng）	坟墓。
	祚（zuò）	1.福。2.帝位。

忆华年主要文博类出版物

博典·博物馆笔记书

已出版——
《故宫里的海底精灵》
《故宫里的晴空白羽》
《故宫里的瑰丽珐琅》
《故宫里的温润君子》
《故宫里的金色时光》
《故宫里的琳琅烟云》
《故宫里的夜宴清歌》
《故宫里的阆苑魅影》
《故宫里的诗经墨韵》
《故宫里的洛神之恋》
《故宫里的金枝玉叶》
《故宫里的花语清风》
《故宫里的天子闲趣》
《故宫里的丽人雅趣》
《故宫里的童子妙趣》
《故宫里的禅定瑜伽》
《故宫里的花样冰嬉》
《故宫里的森林"萌"主》
《渔舟唱晚·墨霖山海》

待出版——
《故宫里的丹心爱犬》
《故宫里的绿鬓红颜》
《故宫里的顽皮宝贝》
《故宫里的十二生肖》
《故宫里的百态造像（动物）》
《故宫里的百态造像（人物）》

全国博物馆通识系列·一本博物馆

已出版——
《一本博物馆 南京博物院》
《一本博物馆 陕西历史博物馆》
《一本博物馆 湖北省博物馆》
《一本博物馆 湖南博物院》
《一本博物馆 辽宁省博物馆》
《一本博物馆 大同市博物馆》

待出版——
《一本博物馆 广东省博物馆》
《一本博物馆 成都博物馆》
《一本博物馆 安徽博物院》
《一本博物馆 山东博物馆》
《一本博物馆 重庆中国三峡博物馆》
《一本博物馆 中国（海南）南海博物馆》
《一本博物馆 广西壮族自治区博物馆》